인문고전과 썸타기

인문고전과 썸타기

지은이 진용성 선종수

발 행 2017년 3월 22일
펴낸이 김진우 임종화
펴낸곳 좋은교사운동 출판부
출판등록번호 제2000-34호
주 소 서울특별시 관악구 남부순환로 218길 36, 4층
전 화 02-876-4078
이메일 admin@goodteacher.org

ISBN 978-89-91617-33-9 03370

www.goodteacher.org

좋은교사 연구실천 프로젝트 X

03

인문고전과 썸타기

진용성 선종수

좋은교사

‖ 발간사

교육 난제는 현장 교사가 풉니다!

임진왜란 때 선조가 이순신에게 총공격을 명령했지만 이순신은 적의 유인 전략이라 판단하여 공격하지 않았던 일이 있습니다. 이로 인해 이순신은 관직을 박탈당했고, 대신 출정한 원균의 군대는 전멸하고 맙니다. 현장의 상황을 모르고 내린 결정이 얼마나 어처구니 없는 것인지를 보여주는 사례입니다.

"초등학교 사회 교과서는 대학생 교재보다 어렵습니다. 왜냐하면 그 많은 내용 요소를 압축적으로 구겨넣어 놓았기 때문이죠. 이런 교과서를 만든 사람이 한번 가르쳐보라고 하고 싶네요."

수업에서 학생들에게 배움의 기쁨을 누리게 하고 싶다는 것은 모든 교사들의 소망이지만 현장의 상황을 모르고 내려오는 교육과정과 각종 사업 등 수많은 장애물들이 우리의 발목을 붙잡고 있습니다.

"현장에 답이 있다"는 말을 많이 합니다만 교육정책을 좌우하는 관료, 교수, 정치인들은 현장 교사들의 목소리를 귀담아 듣지 않습니다. 이렇게 된 데에는 우리가 교육전문가로서의 교사의 역할을 적극적으로 찾지 못한 책임도 없지 않습니다.

이제 현장의 교육전문가인 우리 교사가 나서야 합니다. 우리 교육에는 수많은 난제가 산처럼 버티고 있습니다. 우공이산(愚公移山)의 결기로 우리 모두가 이와 씨름하는 일이 개미떼처럼 집단적으로 일어나야 합니다. 그러한 노력들이 격려되고, 공유되고, 확산될 때 우리 교육은 아래로부터 변화되어갈 것입니다. 이 과정은 교육전문가로서의 교사 성장에 큰 도전이 될 것입니다. 이를 통해 수동적 전달자가 아닌 능동적 연구실천가로 성장하게 될 것입니다.

좋은교사운동은 우리 교육의 난제를 현장 교사들의 힘으로 풀어나가는 프로젝트를 시작했습니다. 이름하여 "좋은교사 연구실천 프로젝트 X"입니다. X는 난제를 뜻합니다. 이제 X를 붙들고 고민한 결과가 세상에 모습을 드러냈습니다. 그 동안 바쁜 학교생활 가운데서도 시간을 쪼개어 문제와 씨름하는 노고를 감당하신 선생님과 멘토와 행정적인 모든 수고를 감당해주신 사무실의 간사님들과 연구위원장 조창완 선생님께 존경과 감사의 뜻을 전합니다.

- 2017.2.25. 좋은교사운동 공동대표 김진우

드넓은 바닷가에 모래알보다 더 작고 얕은 지식과 경험으로 이렇게 책을 쓰려고 하니 한없이 부끄럽고 작아지는 제 자신을 발견합니다. 남들보다 인문고전을 몇 권 더 읽었다고 해서 짧은 식견을 가지고 무모하게 행동을 하는 건 아닌지 성찰하고 또 반성을 해 봅니다. 이 원고를 쓰는 지금 이 순간에도 저는 스스로에게 질문을 던집니다. '과연 나는 전문가인가?' 전문가의 수준이 아니기 때문에 이 책이 더욱 친숙하게 여러분에게 다가갈 수도 있겠다는 생각이 듭니다. 비록 인문고전에 박학다식한 수준과 식견을 갖추고 있지는 않지만, 적어도 인문고전에 대한 관심과 열정을 가지고 인문고전을 소개하고 추천할 수 있는 정도에서 시작을 하고자 합니다.

그동안 인문고전을 읽어 오면서 느꼈던 많은 고민들과 갈등 그리고 어려움을 포함한 다양한 생각들을 이곳에 풀어내고자 합니다. 저뿐만이 아니라 다른 사람도 느끼고 고민했을 여러 가지 것들을 이 책을 읽는 독자들과 같이 공유하고 고민하고자 합니다. 해결 안

된 고민들을 독자들에게 던져서 괜스레 머리만 아프게 하는 건 아닌지 염려가 됩니다. 하지만 그런 고민과 갈등을 공유함으로 적어도 인문고전에 대해 점차적으로 공감대가 늘어간다는 것만으로 행복하고 기쁜 일이라 생각을 해 봅니다.

공자의 제자들이 엮은 논어말씀에 '배우고 익히면 즐겁지 아니한가' 라는 구절이 나옵니다. 이 책이 여러분의 인생에 도움이 되었으면 합니다. 인문고전에 대한 잘못된 편견과 고정관념을 버리고 인문고전에 숨겨진 참 맛과 가치를 알았으면 좋겠습니다. 인생에서 만남은 정말 중요합니다. 저는 인문고전을 늦게 알았습니다. 하지만 이 책을 읽으시는 분들 중에는 저보다 일찍 인문고전을 만나신 분들도 있을 것입니다. 저는 그런 분들이 굉장히 부럽습니다. 좀 더 제가 일찍 인문고전을 접하고 만났더라면 제 인생이 많이 바뀌었으리라 성찰을 해 보았습니다.

남들과 다른 방법으로 세상을 살아간다는 나름 재미있기도 하지만, 약간은 스트레스도 쌓이고 힘든 일이기도 합니다. 전인미답의 길을 간다는 것은 그만큼 두렵지만 용기가 필요합니다. 제게 인문고전은 전인미답의 길과도 같습니다. 남들이 한 번도 가지 않는 길, 그래서 한걸음, 한걸음 가는 것이 참 조심스럽습니다. 제가 가는 이 길이 누군가의 이정표가 될지도 모르기 때문입니다.

끝으로 교원대 대학원에서 같이 공부했던 인연을 지금까지 계속

이어오고 있는 진용성 선생님과 프로젝트 X의 좋은교사 그리고 언제나 든든한 힘이 되어주는 가족에게 진심어린 감사의 인사를 전하고 싶습니다. 진용성 선생님은 제가 많이 부족한데도 불구하고 늘 옆에서 마음으로 같이 해주고, 인문고전교육의 가치와 비전을 공유하고, 10년의 원대한 계획을 같이 구상하고 실행하는데 많은 도움을 주고 있습니다. 그리고 인문고전교육의 진정한 가치를 발견하고 연구하도록 연구비를 후원해 주시고, 이렇게 책까지 낼 수 있도록 물심양면으로 도와주신 좋은교사에 다시 한 번 고개 숙여 감사의 인사를 드립니다.

2017년 새해 벽두에
진용성, 선종수

‖ 목 차

2부 "매일 그대와" _ '프로젝트 X 인문고전과 썸타기' 1년간의 기록

"사랑하면 알게 되고, 알면 보이나니,
그때 보이는 것이 전과 같지 않으리라."
〈조선의 문인 유한준〉

• • •

"인문고전은 참 가까이에 있습니다. 그러나 잘 읽을 시간이 없었습니다.
사실, 우리들이 인문고전을 읽는 것 말고도 해야 할 것이
너무도 많기 때문입니다. 그런데 그 해야 할 일들에 파묻혀 있다 보면,
방향을 잃어버릴 때가 참 많이 있습니다. 내가 잘하고 있는 건지,
이 길이 맞는 건지, 이 선택이 괜찮은 건지 등을 말입니다.
신기하게도 저 인문고전은 우리의 바쁜 삶을 먼저 살아가신
할아버지와 할머니의 지혜가 곳곳에 담겨져 있습니다.
인문고전을 사랑하는 마음으로 보면, 이전과는 다른 것을 알게 될 것입니다.
인문고전에 담긴 그 이야기들에 다시 귀를 기울여 주세요.
그리고 자녀들에게 학생들에게 다시 들려주세요.
이제는 우리가 함께 걸어가는 길이 될 것입니다."

1부

가까이 하기엔 너무 먼 당신

1부에서는 이 연구의 목적 및 필요성, 용어의 정의, 이론적 배경, 연구 내용, 연구의 결과 중 일부를 담았습니다. 논문의 언어를 버리고, 누구나 쉽게 읽고 이해하실 수 있도록 스토리텔링의 언어로 표현하였습니다. 각 장마다 '사랑에 관한 시'를 찾아보는 것을 권하는 것은 '문학+역사+철학'으로 이루어진 인문고전의 특징과 '인문고전과 썸타기'라는 이 책의 목적을 고려한 것입니다. 편안한 마음으로 읽어주세요.

~~·~~

1장. "우리 왜 헤어졌을까?"

♫ 같이 생각해 봅시다

---

1. 최근에 읽은 인문고전을 함께 말해 봅시다.

2. 읽지 못했다면 그 이유는 무엇인지도 이야기해 봅시다.

인문고전과 썸타기 #1

우리는 헤어졌습니다. 고의는 아니었습니다. 제 나름대로는 정말 열심히 다가갔습니다. 그런데 무언가 잘못되었나 봅니다. 서툴게 다가간 탓인지, 상처를 받기만 했기 때문입니다. 사실, 무엇이 어디서부터 잘못 되었는지를 도무지 모르겠습니다.

우리는 왜 헤어졌을까요? 이와 관련된 에피소드 3개를 함께 살펴봅시다.

첫 번째 에피소드

> "친구들과 수업시간에 장난을 쳤다. 그랬더니, 선생님은 오늘의 명심보감 20번 쓰라고 하셨다. 아.. 명심보감이 너무 싫다. 진짜 싫다"
>
> – 김OO 학생

위 사례가 인문교육의 현재 온도를 대변한다고는 할 수는 없습니다. 그러나 우리 학생들이 어떤 마음으로 인문고전을 대할 수 있는지, 그 고민을 확인할 수 있는 대목입니다. 마음수양의 목적으로 인문고전을 '맹목적인 다시쓰기'를 할 때, 교사와 학생은 과연 가르침과 배움의 기쁨을 누릴 수 있는지 성찰하게 됩니다. 왜냐하면 이 장면에는 인문고전과 학생, 인문고전과 교사, 학생과 교사 사이에 진정한 공감과 소통이 배제되어 있기 때문입니다. 저렇게 명심보감을 대한 우리의 아이들이 살면서, 평생 명심보감을 어떻게 생각할까요? 학생들이 인문고전에서 멀어진 것은 어쩌면 우리의 책임인지도 모르겠습니다.

우리는 인문고전을 통해서 서로의 삶에 공감하고, 서로의 삶과 소통할 수 있어야 합니다. 그 경험을 바탕으로 아이들이 평생 인문고전과 동행할 수 있음을 스스로 깨닫도록 도와야 합니다.

• • •

성찰질문 ▎ 공감과 소통으로 충분히 뜸을 들이지 않은 설익은 밥을 먹은 우리 아이들이 얼마나 배가 아팠을까요?

두 번째 에피소드

"인문고전이 아이들을 똑똑하게 한다고 하더라고요. 그리고 학교에서 독서 인증제를 한다고 해서, 아이들에게 좋은 책을 읽게 해주려고 비싼 돈을 들여서 전집을 샀어요. 그런데 정작 우리 애가 읽지 않아서 너무나 속상해요."   - 이○○ 학부모

위 사례는 가정에서 인문고전 교육을 실천하려는 학부모 한 분의 고민 내용입니다. 인문 고전 교육에서 학부모님들의 역할은 '좋은 책을 많이 사서, 책장을 채우면 끝나는 것'이 아니라는 것을 알 수 있는 부분입니다. 함께 읽고 함께 이야기를 할 수 있어야 합니다. 그렇다면 학교에서 독서 인증을 통해서 얻을 수 있는 것과 비교할 수 없는 나눔이 일어날 수 있기 때문입니다.

먼저 인문고전을 찾아서 읽어보십시오. 읽은 인문고전의 구절하나를 밥상머리에서 함께 토론해 보거나, 함께 여행을 가면서 해당 지역과 관련된 인문고전을 함께 읽어보거나, 자녀가 힘들어 할 때에 편지 한 귀퉁이에 인문고전의 한 글귀를 적어서 위로를 해 보십시오. 사실, 그 인문고전에서 하고 있는 말이 부모님 자신에게도 위로가 되고, 부모님이 하고 싶었던 말이었다는 것도 느껴보십시오. 그리고 그런 일들을 자녀에게 솔직하게 말해주십시오. 그럼 자녀들은 부모님 자신이 한권의 인문 고전이었다는 놀라운 사실을 발견할 수 있을 것입니다.

우리는 인문고전을 통해서 자녀가 성장하는 모습을 함께 관찰하고 협력해서 살필 수 있어야 합니다. 그 경험을 바탕으로 자녀가

자신의 자녀를 격려하고 도우려는 동기부여가 될 수 있어야 합니다.

• • •

성찰질문 ▌ 왜 자녀가 읽지 않을까요? 그것은 우리가 읽지 않기 때문입니다.

세 번째 에피소드

> "2015년 개정 교육과정을 보니, 창의적 사고 역량 등을 함양하는 목적으로 독서교육을 중요하게 다루고 있더라고요. 예를 들면, 중학교는 1학기 한 권을 수업시간에 읽으면서 읽고 생각을 나누고 쓰는 통합적인 활동을 하도록 합니다. 고등학교는 모든 선택과목에 1학기 한 권 통합적인 독서활동을 제시하고 있습니다. 그런데 매번 바뀌는 교육과정 속에서 이런 내용을 얼마나 반영해야 할지 도무지 고민이 됩니다. 진짜 궁금한 것은 이런 것이 학생들이 미래에 정말 도움이 될까요?"
>
> — 정OO 교사

위 사례는 개정된 교육과정을 수업과 학생 지도에 적용하려는 교사의 고민 내용입니다. 공시된 2015년 개정교육과정을 포함해서, 교육과정의 핵심과 본질은 학문 이전에 '사람'이라고 할 수 있습니다. 이를 위해서는 학생과 교사가 획일적인 한 권의 책을 강제적으로 읽는 것이 아니라, 인격적으로 한 권의 책과 만나는 경험이 필요합니다. 제도와 규약을 통해서 외부로부터 규제되는 책읽기는 학생과 교사에게 인문고전의 참 맛을 느끼기도 전에, 해치워야 할 과제로 인문고전을 인식하게 하는 왜곡을 낳기 때문입니다. 인문고전의 교육은 사람중심으로 교육과정을 회복하고 궁극적으로는 교육의 주체가 자신을 발견하는 인문고전 교육의 모델 개발이 절실합니다.

• • •

성찰질문 ▌ 목록화된 인문고전 자체만을 강조하고, 사람이 배제된 교육과정 속에서 교사와 학생들은 얼마나 많이 괴리감을 느꼈을까요?

우린 왜 헤어졌을까요? 김남조 선생님의 "가고 오지 않는 사람"을 찾아 읽어보고, 인문고전의 입장에서는 우리를 어떻게 생각하는지를 상상해 봅시다.

♬ 다시 생각해 봅시다

1. 내가 인문고전을 읽지 않기로 결정한 이유는 무엇인가요?

2. '학생-학부모-교사', 서로의 입장에서 인문고전을 어떻게 다루면 좋을지 상상해 봅시다.

2장. "너란 존재는 대체 누구니?"

♬ 같이 생각해 봅시다

1. 인문고전은 무엇일까요?

2. 인문고전의 본질은 어디에 있을까요?

인문고전과 썸타기 #2

나는 가끔씩 그녀와 헤어진 이유를 생각해 보지만 딱히 그 이유를 발견할 수가 없었습니다. 그녀와 헤어졌을 때는 그녀에 대해서 잘 몰랐기 때문입니다. 그녀와 헤어지고 나서 그 이유를 발견했습니다. 그녀와 주고받은 편지와 전화 메시지를 다시 보니 조금 그녀가 이해되기 시작했습니다. 나는 그녀에 대해서 잘 모르고 있었던 것입니다.

우리는 인문고전에 대해서 잘 모릅니다. 저도 잘 모릅니다. 하지만 적어도 인문고전이 우리 삶에 좋은 영향을 끼치리라는 것은 인문고전을 읽어서 알고 있습니다. 무엇인가를 안다는 것은 정말 시간이 오래 걸립니다. 안다는 것은 단지 지적인 이해와 정서적인 공감을 동반합니다. 아울러 전인격적인 이해의 단계로 가기까지 오랜 시간이 걸립니다. 우리가 어떤 사람을 알기 위해서 오랜 시간이 걸리듯 인문고전이 무엇인지 말하기까지 정말 오랜 시간이 걸릴지도 모릅니다.

교사동아리를 시작한지 얼마 안 되어서 한 선생님이 질문을 했습니다. "인문고전이 무엇인지 정말 잘 모르겠습니다. 인문고전이 무엇입니까?" 저는 이 질문에 섣불리 대답을 하지 못했습니다. 교사동아리의 회장으로서 참 부끄럽기도 했습니다. 사람들에게 인문고전을 읽으라고 추천하고 같이 공부해 보자고 말을 많이 했지만 막상 인문고전이 무엇인지 모르고 있었던 것입니다. 저는 "인문고전은 명심보감이나 논어 같은 책입니다."라고 대충 얼버무려 대답하긴 했지만 시원스레 대답을 하지 못했던 것은 사실입니다.

인문고전이 무엇일까요? 인문고전을 국내에 널리 알리는데 중요한 역할을 감당 했던 『리딩으로 리드하라』의 작가인 이지성씨는 인문고전을 "수백 년 수천 년을 걸쳐서 내려온 천재들의 저작"이라고 정의를 내리고 있습니다. 또한 『초등고전 읽기혁명』의 저저 송재환씨는 "30년 이상 된 오래된 책 중에서 읽을 만한 가치 있는 책"이라고 해서 다소 범위를 좁게 한정 지었습니다. 여러분들은 인문고전이 무엇이라고 생각합니까? 인문고전하면 무엇이 떠오르나요?

인문고전은 쉽게 말하자면 인문정신을 담고 있는 오래된 책입니다. 인문정신은 인간성을 전제로 합니다. 결국 인문고전은 인간의 본성을 담고 있는 오래된 책이라고 할 수 있습니다. 인간성(humanity)은 인간의 본질과 인간의 본성입니다. 인문

> 인문고전 안에는 인간의 이야기가 담겨져 있습니다. 인간다움의 본질과 가치가 담겨져 있습니다.

고전 안에는 인간이 담겨져 있습니다. 어디서나 언제나 우리가 만날 수 있는 소박한 인간들의 모습입니다. 그 인간들의 모습에는 선악미추와 희로애락 등이 모두 담겨져 있습니다. 다만 그 모습들이 그냥 담겨져 있는 것이 아니라 작가가 처한 시대와 상황을 반영해 사실적으로 그려지고 있어서 당대의 사회나 문화에 큰 영향을 미치고 있는 것입니다. 따라서 후대의 사람들도 당시의 인간들의 모습에 공감대를 형성하고 그 본질이나 가치를 인정하는 것입니다. 인간다움의 가치는 시대가 지나도 변하지 않습니다. 그 가치가 항존적이고 영구적인 것이기에 수백 년, 수천 년을 내려온 것입니다. 인간의 변하지 않는 가치와 본질을 담고 있는 오래된 책이기에 이해하기 어렵고 힘들어도 그 인간성의 본질과 가치를 발견하고자 기를 쓰고 읽는 것입니다.

그러나 필자는 지금도 인문고전이 무엇인지 아직도 잘 모르겠습니다. 그 답을 찾아가는 과정이 바로 우리 인생이라는 것을 알게 되었을 뿐입니다. 여러분들과 함께 인문고전을 읽어 가면서 그 답을 찾아갔으면 합니다. 우리는 아직 인문고전에 대해서 잘 모릅니다. **다음 글귀를 읽으면서 우리가 무언가를 안다는 것이 어떤 의미**

인지를 성찰해 봅시다.

> 사람이 아는 바는 모르는 것보다 아주 작으며,
> 사는 시간은 살지 않는 시간에 비교가 안 될 만큼 아주 짧다.
> 이 지극히 작은 존재가 지극히 큰 범위의 것을
> 다 알려고 하기 때문에, 혼란에 빠져 도를 깨닫지 못한다.
> — 장자

♫ 다시 생각해 봅시다

1. 인문고전을 본질은 무엇인가요?

2. 인문고전에 대해서 알기 위해서 '지금-나는' 어떤 노
   력을 할 수 있을까요?

3장. "어쩌면 내 잘못인지도..."

♫ 같이 생각해 봅시다

1. 왜 우리들은 인문고전을 읽지 않는 것일까요?

2. 인문고전은 과연 어렵고 재미없는 책일까요?

인문고전과 썸타기 #3

그녀는 늘 내겐 어렵고 힘들기만 합니다. 어떻게 해도 늘 거리감이 느껴지고 힘들기만 합니다. 그녀에게 다가가는 문법을 저는 모르겠습니다. 시중에 나와 있는 많은 연애서적을 읽고 준비해도 그녀 앞에서만 서면 저는 늘 작아집니다. 그녀는 쉽사리 속내를 보이지 않아서 그런지 몰라도 그녀에게 가는 길은 정말 멀게만 느껴집니다. 그녀는 정말 생각과 행동 하나 하나가 무겁습니다……. 언제쯤 그녀가 편하게 느껴질까요?

혹시 단테의 『신곡』이나 도스토예프스키의 『카라마조프가의 형제들』을 읽어본 적이 있으신가요? 들어본 적은 많이 있지만 읽은 경험을 적을 수 있습니다. 아마도 인문고전이 가까이에는 있지만 절대로 쉽거나 가볍게 읽을 수 있는 책은 아니라고 생각하기 때문일 것입니다.

다시 질문을 드리겠습니다. 혹시 『명심보감』을 읽어 보셨습니까? 『명심보감』을 읽어 보지 않으신 분은 한번 꼭 읽어 보시길 바랍니다. 찬찬히 『명심보감』을 읽어나가면, 인문고전이 어렵고 지루하다는 편견을 벗어 버리는 데에 도움이 될 수 있을 것입니다. 『명심보감』은 아동용 교재로 아동들의 수준을 고려해서 정말 쉽게 쓰여 졌기 때문입니다. 그런 이유로 초등학생들도 쉽게 읽을 수 있습니다. 물론 모든 인문고전이라고 불리는 책들이 『명심보감』처럼 쉬운 것은 아닙니다. 다만, '모든 인문고전이 어렵고 지루한 책이다'라는 편견에서 벗어나자고 말하고 싶습니다.

제가 근무하는 초등학교에서 〈초등인문고전레시피〉라는 인문고전 교사동아리를 운영을 했습니다. 1학기 때는 인문고전과 인문학 입문서 위주로 책을 읽고, 2학기 때는 『명심보감』을 직접 읽어가면서 서로의 생각을 나누는 시간을 가졌습니다. 2학기가 지나고 『명심보감』을 읽은 후에 교사들의 인식변화를 알아보기 위해 심층인터뷰 진행을 설문지로 했습니다. 그때 이구동성으로 대다수의 교사들이 "명심보감이 지루하고 딱딱하고 재미없는 도덕 교과서인줄로만 알았는데, 교사들과 같이 읽어보기 오늘날에도 적용할 것이 정말 많고 가치가 있는 책이다."라는 반응을 보였습니다.

『명심보감』으로 인문고전 읽기를 시작해 보시길 추천해드립니다. 처음부터 어려운 책을 권해 드리고 싶지는 않습니다. 처음부터 어려운 책을 읽으면 쉽게 포기해 버리기 때문입니다. 인문고전을 급하게 이해하려고 하지 말고, 다시 그 원래의 의미에 대해서 충분히 생각해 봅시다. 그러면 인문고전이 여러분의

인문고전을 급하게 이해하려고 하지 말고 다시 그 원래의 의미에 대해서 충분히 생각해 봅시다. 그러면 인문고전이 마음속에 자리 잡게 될 것입니다.

마음속에 자리 잡게 될 것입니다. 어렵고 지루하고 재미없다는 생각을 그대로 가지고 인문고전을 읽으면 2-3페이지 읽다가 포기할 것입니다.

저도 사실 얼마 전까지 정말 어려운 인문고전을 붙잡고 씨름을 하고 있었습니다. 『세설신어』라는 책인데요. 저는 이 책을 거의 3-4달 가까이 읽다가 포기해버렸습니다. 혹시 그 이유가 궁금하신 분이 계시면 책을 도서관에서 빌려서 한번만 살펴보시면 제가 왜 중간에 읽기를 포기해 버렸는지 공감이 갈 것입니다.

인문고전을 읽다가 어려우면 자신의 흥미와 수준에 고려해서 인문고전을 골라 다시 읽기를 시작하면 됩니다. 어려운 인문고전을 만나면 잠시 좀 더 쉬운 인문고전을 읽으셔도 됩니다. 남들이 읽으라고 추천한다고 해서 고집을 피우다가 영원히 인문고전을 멀리할 수 있습니다. 절대로 남들 눈을 의식하시면 안 됩니다. 인문고전은 본질이 수백 년 수천 년을 견뎌온 책들이기 때문에 제대로 인문고전을 읽고 이해하려면 정말 오랜 시간이 필요한 인문고전도 많이

있습니다. 수백 년 수천 년을 내려온 가치를 단 몇 시간 안에 터득하고자 하는 것은 욕심입니다.

그래서 저는 처음부터 어려운 인문고전보다는 여러분들도 『명심보감』처럼 쉽게 읽을 수 있는 인문고전을 읽어 보라고 권해 드리고 싶습니다. 쉬운 인문고전을 읽다 보면 점차적으로 생각이 깊어지게 되고 궁극적으로는 어려운 인문고전에도 도전할 수 있을 것입니다.

처음에는 인문고전이 낯설고 힘들고 어려울 것입니다. 하지만 쉽게 포기하면 안 됩니다. 인문고전의 정수나 가치를 깨닫기 위해서는 그만큼 오랜 시간이 걸린다는 것을 자연스럽게 받아들여야 합니다. 하지만 사람의 이야기입니다. 본질적으로는 사람의 사랑이야기입니다. 인문고전은 어렵고 재미없고 지루하고 고리타분한 옛날이야기라는 고정관념을 잠시 내려두고, 인문고전의 제 모습을 헤아리기 위해서 살펴봅시다. **나태주 시인의 풀꽃 시를 찾아 읽어보고, 인문고전을 어떻게 보아야 할지를 성찰해 봅시다.**

♫ 다시 생각해 봅시다

1. 인문고전을 급하게 이해하려고 했던 우리의 접근방식을 어떻게 해야 할까요?

2. 인문고전을 의미 있게 읽기 위해서 어떤 노력들이 필요 할까요?

4장. "너의 존재에 대한 다른 사람들의 시선"

♫ 같이 생각해 봅시다

1. 인문고전 추천서 목록은 어떻게 만들어졌을까요?

2. 인문고전 추천서 목록은 믿을만한 것일까요?

인문고전과 썸타기 #4

그녀와 헤어지고 나서 사람들은 다른 사람을 만나보라고 했습니다. 여러 군데서 많은 사람을 소개 받았지만, 그때마다 잊혀 지지 않는 그녀의 모습이 눈에 아른거립니다. 길거리에서 그녀와 비슷한 사람만 봐도 그녀인 듯한 착각에 빠지곤 합니다. 그녀와 비슷한 옷차림, 외모, 립스틱, 핸드백... 거리에 다니다보면 마치 그녀를 복제해 놓은 듯한 또 다른 그녀들이 너무 많아서 정말 헷갈리기도 하고 힘이 듭니다.

필자가 처음 인문고전을 읽어야 되겠다고 생각한 이유는 매우 단순합니다. 이지성씨가 인문고전을 읽으면 둔재도 천재가 될 수 있다고 해서 인문고전을 읽기 시작했습니다. 『리딩으로 리드하라』는 부록 뒤에 있는 일반인을 위한 추천목록을 참고로 한 권 한 권 읽어가기 시작했습니다. 한 권 한 권 읽어갈 때마다 천재가 되고 싶은 열망은 그만큼 커져만 갔습니다. 처음 추천도서 목록을 읽을 때는 별 생각 없이 읽었습니다. 하지만 추천목록 순서대로 책을 읽어가면서 한 가지 의심이 들기 시작했습니다. 계속 읽어도 제 머릿속에 뭔가 변화가 일어나야 되는데, 그 변화가 없는 것입니다.

저는 왜 천재가 되지 않았을까요? 이지성씨의 논리대로 하자면 아무리 둔재라도 계속 인문고전을 읽으면 천재가 된다고 했는데, 왜 저는 천재의 근처에도 가지 못했을까요?

답은 인문고전 추천목록에 대한 맹신에 있었습니다. 인문고전을 계속 읽어가면서 저는 추천목록에 있는 책들을 한 번도 의심하지 않았습니다. 그래서 심지어는 추천목록에 나온 책들은 꼭 사서 봐야 한다는 고집을 부리기도 했습니다. 한때는 보너스 급여를 모두 인문고전 목록을 사서 서가에 채워 넣어야겠다는 불안감에 휩싸이기도 했습니다.

하지만 추천서 목록에 따라 인문고전을 읽다보니, 목록의 책들이 난이도가 차이가 너무 많이 났습니다. 과연 유득공의 『발해고』와 이이의 『성학집요』가 무슨 기준으로 1년차에 추천도서인지 이해가 되질 않았습니다. 1년에서 10년으로 중장기 계획을 세워 인문고전을 읽게 된다면 적어도 1년차에는 인문고전 입문서로 난이도가 쉬운 책을 읽고, 점점 시간이 지날수록 난이도가 어려운 책들을 읽어야 한다는 생각이 들었습니다.

이지성의 추천목록과 다른 인터넷에 나온 추천목록을 비교해 본 결과 추천목록 자체가 뚜렷한 기준이 없다는 것을 알 수 있었습니다. 예를 들면 인문고전 100레벨 온라인캠퍼스 목록을 보자면, 이지성씨는 『고문진보 후집』을 1년차 필독도서로 본 반면에 인문고전 100레벨[1]에서는 87레벨로 굉장히 고난이도의 책으로 간주하고 있음을 확인할 수 있었습니다.

인문고전 추천목록을 맹신하지 말라는 말씀을 드리고 싶습니다. 우리들이 인문고전을 읽는다고 마음을 먹고 작심삼일로 끝나는 이유는 처음부터 너무 어려운 인문고전을 읽으려고 하기 때문입니다. 추천도서에 너무 마음을 쓰지 마세요. 추천도서는 추천도서일 뿐 우리에게 절대적인 기준과 준거 혹은 시금석이 될 수 없습니

> 누군가의 추천목록보다 나만의 목록을 만들어 간다고 생각해 봅시다.
> 누군가의 추천목록과 아름다운 결별을 하면 인문고전이 달리 보일 것입니다.

다. 오히려 내 수준에 맞는 그래서 쉽게 포기하지 않고 재미있게 읽을 수 있는 인문고전을 찾는 노력이 필요하고, 나만의 인문고전 목록을 만드는 일이 필요합니다.

짧게는 100년에서 길게는 수천 년을 통해서 사라지지 않고 오늘날까지 전해 내려온 인문고전을 읽으면 분명 천재가 될지도 모릅니다. 하지만 분명한 것은 역사상 위대한 천재들의 저작인 인문고전

---

1) www.classicbook100level.net

을 추천목록대로 따라 읽는다고 해서 하루아침에 천재가 되는 것은 아니라는 것입니다. 오히려 추천목록에 집착을 해서 읽다보면 쉽게 한계에 부딪치고, '역시 인문고전은 어렵고 재미없구나.'라는 편견과 고정관념으로 다시 돌아갈지도 모르겠습니다.

지금 시중에 인문고전 추천 목록은 하나의 참고용에 불과하다고 말씀을 드리고 싶습니다. 추천목록에 너무 연연하지 마세요. 추천목록을 꼭 순서대로 읽을 필요도 없고 아울러 전부 다 읽을 필요도 없습니다. 추천목록 중에서 여러분 수준에 맞는 책을 단 한 권이라도 꼼꼼하게 읽으면 '그 책이 정말 여러분들의 삶을 변화시킬 수 있는 좋은 친구 같은 인문고전이 되지 않을까'라는 생각을 해 봅니다. 추천목록과 아름다운 결별을 하면 인문고전이 달리 보일 것입니다. **안도현 시인의 "그대에게 가는 길"을 찾아 읽어보고, 인문고전을 평생 읽는다는 것이 어떤 의미인지를 성찰해 봅시다.**

♬ 다시 생각해 봅시다

1. 인문고전 추천목록을 살펴봅시다.

2. 내가 생각한 인문고전 목록을 적어봅시다. 내가 생각한 인문고전 목록을 동료들과 이야기해 봅시다.

∾•∾

5장. "나는 무엇을 위하여 당신을 사랑하기로 했는가?"

♬ 같이 생각해 봅시다

1. 부자가 되려고 인문고전을 읽으시나요? 1%의 리더
   가 되려고 인문고전을 읽으시나요? 천재가 되려고
   인문고전을 읽으시나요?

2. '부자, 1%, 천재'가 인문고전을 읽는 목적이 될 때,
   우리가 행복한가요? 그것이 목적이 될 때, 우리가
   보지 못하는 것은 무엇일까요?

인문고전과 썸타기 #5

그녀를 다시 만나기 전에 저는 많은 설렘을 가지고 있었습니다.
그녀를 다시 만나면 마냥 행복해 질 것 같았고, 세상에 존재하는
모든 것들이 핑크빛으로 변할 것만 같았습니다. 적어도 세상의
모든 것들이 그녀와 나를 위해 존재하는 듯 했습니다. 그녀와 있

으면 마법처럼 모든 것이 다 잘 되고, 모든 일들이 다 잘 풀리고, 모든 것들이 순조롭게 이루어지리라 생각했습니다. 하지만 그녀를 다시 만난 후 그게 전부가 아니라는 것을 알게 되었습니다.

인문학과 인문고전은 요즘 세상에 핫(?)합니다. 서점에는 인문학 책들이 가득하고 백화점 문화센터나 평생교육시설의 강좌에서는 인문학 강좌들을 쉽게 만날 수 있습니다. 그 강좌들에서는 공통적으로 인문학과 인문고전을 통해서 무한경쟁과 약육강식이라는 동물적인 길들임에 익숙한 우리가 다시 행복할 수 있다고 말합니다.

하지만 과연 인문학과 인문고전을 만나면 과연 행복해지고 삶의 여유를 느낄 수 있을까요? 왜 우리는 인문고전을 읽지만 행복해지지 않는 것일까요?

인문고전에 대한 관심이 고조되면서 인문고전을 다룬 책들이 많이 출판되었습니다. 인문고전에 대한 대표적인 책으로는 일반 교양서로 『리딩으로 리드하라』와 초등학생 대상의 교육용 교재인 『초등고전읽기혁명 이론편·실전편』이 있습니다. 두 책 모두 대중들과 학부모 및 학생들에게 선풍적인 인기를 끌었고, 너도 나도 부록에 있는 추천목록들을 사서 읽기 시작했습니다.

안타까운 일은 『리딩으로 리드하라』는 제목에서도 알 수 있듯이 자기계발서의 모습을 띄고 있습니다. 자기계발서의 가장 큰 단점은 사람들에게 헛된 환상이나 믿음을 심어주는 것입니다. 그 환상이란 곧 맹목적인 종교에 빠지는 것처럼 이성이나 감성의 조화로운 작용을 멈추게 해 버립니다.

『리딩으로 리드하라』는 표면적인 의도만 볼 때, 다른 사람보다 더 앞서 나가기 위해서 인문고전을 읽으라고 독려합니다. 다른 사람들은 읽지 않는 인문고전을 읽어서 다른 사람들보다 부자가 되고 천재가 되고 리더가 되고 기업경영인이 되고 싶은 심리가 반영되어 있는 것입니다. 천재, 리더, 기업경영인 자체가 문제라는 것은 아닙니다. "다른 사람들보다"라는 비교에 문제가 있다는 점입니다. 내가 '1%'가 되겠다는 것은 다른 사람들을 '99%'라고 보는 무서운 의도가 숨겨져 있습니다. 인문고전의 본질이 인간다움의 회복과 인간다움에 대한 궁구라고 볼 때, '1%'라는 매력적인 요소가 인간다움을 훼손하지는 않는지 진지하게 성찰할 필요가 있습니다.

『초등고전읽기혁명』도 비슷한 맥락에서 보자면 우리 아이가 다른 아이보다 인문고전을 읽으면 공부도 더 잘하고 훨씬 우수한 사람으로 될 수 있다는 무서운 전제를 내포하고 있습니다. 이에 따라 아이들은 영문도 모른 체 먹기 싫은 음식을 먹는 것처럼 인문고전 추천 목록을 억지로 먹습니다. 그리고는 1권을 읽은 사람은 10권을 읽은 사람과 상종할 수 없다는 이상한 비교의식 속에서, 마침내는 "인문고전 포기자"를 만들고 맙니다.

물론, 위 내용은 필자의 추론일 뿐입니다. 또한 우리 모두가 그러한 이유로 인문고전을 읽는다는 것은 절대 아닙니다. 다만, 우리가 생각해 보아야 할 것은 지금의 인문고전독서 혹은 인문고전교육이 인문고전의 본래적인 목적에 부합하느냐라는 것입니다.

인문학의 본질이 인간성의 회복에 있듯이 인문고전도 인간성의 본질을 찾아가는 위대한 여정입니다. 단순하게 인문고전이 부자나 천재가 되거나 공부를 잘하기 위한 목적을 처음부터 가지고 있지 않다는 것을 꼭 기억했으면 합니다. 인문고전을 읽어서 부자나 천재 혹은 공부를 잘할 수도 있을 것입니다. 하지만 인문고전

> 인문학의 본질이 인간성의 회복에 있듯이 인문고전도 인간성의 본질을 찾아가는 위대한 여정입니다. 단순하게 인문고전이 부자나 천재가 되거나 공부를 잘하기 위한 목적을 처음부터 가지고 있지 않다는 것을 꼭 기억했으면 합니다.

의 본래 가치나 목적은 망각한 채로 다른 부차적인 목적을 가지고 인문고전을 만난다면 인문고전은 그 속살을 쉽게 보여주지 않을 것입니다.

인문학과 인문고전의 홍수 속에서 현대인들은 여전히 불안하고 참 쉼을 쉬지 못하고 있습니다. 언제부터인가 인문고전이 자기계발서 목록에 들어가 인간성의 본질을 추구해야 할 인문고전이 남들과의 무한경쟁에 쓰이는 것이 오늘날의 안타까운 현실이 되어버렸습니다.

인문고전의 본질과 가치에 주목하는 우리들이 되었으면 좋겠습니다. 인문고전의 본질과 가치에 방점을 찍고 인문고전을 읽는다면 그때부터 인문고전은 여러분들에 속살을 보여 줄 것입니다. 누군가를 이기고, 누군가를 지배하고, 누군가를 나보다 낮게 보고, 누군가보다 더 뛰어나려고 한다면, 인문고전은 우리에게 끝까지 그 비밀을 알려주지 않을 것입니다. **한용운의 시 "내가 당신을 사랑하는**

까닭"을 찾아 읽어보고, 인문고전을 읽기 위한 내 목적을 다시 성찰해 봅시다.

♬ 다시 생각해 봅시다

1. 인문고전과 자기계발서들은 어떤 차이가 있을까요?

2. 인문고전을 읽는 효과적인 방법에는 어떤 것들이 있을까요?

6장. "밀고 당기기"

♫ 같이 생각해 봅시다

---

1. 인문고전에 대한 막연한 기대는 어떤 것이 있었나요?

2. 인문고전에 대한 막연한 불신은 어떤 것이 있었나요?

인문고전과 썸타기 #6

그이와 조금씩 가까워지고 있지만, 아직은 그 헤어짐의 상처가 기억이 납니다. 그리고 제가 진짜 그이를 제대로 이해할 수는 있는지 조심스럽기만 합니다. 그러나, 신기한 것은 제가 다가서면, 그이가 이만큼 다가와 있다는 것을 깨닫는 것입니다. 우리는 밀고 당기는 중인가 봅니다.

인문고전에 대한 신화와 불신의 모습은 '밀고 당기기'로 비유할 수 있습니다. 잠시 우리들의 생각을 진단해 봅시다.

인문고전에 대한 신화 1: 인문고전은 만병통치약이다.

인문고전을 읽으면 모든 것이 해결될 것 같은 낭만적인 기대는 인문고전의 의미를 퇴색하게 합니다. 특히, 1%가 된다느니, 영재가 된다느니 하는 것을 목적을 전면에 내세우는 자극적인 접근은 **시대를 뛰어넘어 그 생명력을 간직하고 있는 인문고전 본질의 왜곡**을 초래합니다. 인문고전 자체를 그 자체로 두고, 평생 삶의 조언을 구하는 동반자적 관계 인식이 필요한 장면입니다.

인문고전에 대한 신화 2: 인문고전은 어릴 때부터 원문을 볼 수 있다.

원문을 그대로 읽는 것이 도움이 될 때가 있습니다. 그러나 원문 중심주의가 가지는 장단점은 엄밀하게 논의할 필요가 있습니다. 특히, 교육의 과정을 고려하지 않고 **어린 시기부터 원문의 독서가 초래할 수 있는 역기능**에 대한 제대로 된 진단이 필요한 시점입니다. 즐거운 독서, 향유하는 독서로의 회복을 위해서는 시기별/개인별 독서능력에 따른 인문고전의 접근 방식이 달라야 할 것입니다.

인문고전에 대한 신화 3: 인문고전은 읽기만 해도 된다.

인문고전을 곁에 두고 읽기만 해도 된다면, 역사상 슬프고 잔혹

한 일들은 왜 있어왔을까요? 그 참혹한 일의 주인공들이 읽은 것도 인문고전이 아니었나요? 남을 죽이고 전쟁을 일으키는 논리와 명분에 인문고전의 구절들이 인용되었다는 것은 참으로 아이러니한 일입니다. 현대에도 다르지 않습니다. 인문고전을 자기 목적에만 끌어들여서 읽는다면, 그 결과가 어떻게 될까요? 천재가 되는 것이 목적인 사람이 인문고전을 읽고 천재가 되었다고 가정해 봅시다. 그 천재의 꿈이 세계정복이라면 어떤 결과가 있는 것인가요? 따라서 바르게 읽는 것이 중요합니다. 이는 자신을 돌아보고, 그 성찰의 결과를 실천으로 이어가는 것이 필수적으로 뒤따라야 한다는 것입니다.

인문고전에 대한 불신 1: 인문고전까지 읽을 시간이 어디에 있는가?

시대의 변화에 따라서 책을 읽는 인구가 감소할 뿐만 아니라, 그나마 읽고 있는 것도 짧고 감각적이며 이미지로 가득한 텍스트로 변화하는 추세입니다. 긴 호흡으로 된 인문고전의 형식, 지금 당장은 관계없는 것 같은 인문고전의 내용은 그러한 추세에 부합해서 실제 독서의 지평에서 외면 받고 있습니다. 사실, 수많은 변화와 그 변이형들 속에서 불변하는 것들의 의미를 깊이 고찰할 필요가 있는 것입니다. **깊은 인생의 의미를 돌아보는 성찰의 시간은 너무 바쁠수록 절실합니다. 너무 바빠서 우리는 인문고전을 곁에 두고 읽어야 합니다.**

인문고전에 대한 불신 2: 인문고전이 내 삶에 도움을 주는가?

인문고전의 장르에 대한 오해일 수 있습니다. 약을 먹는 방법을 알기 위해서는 처방전을, 밥을 짓는 방법을 알기 위해서는 전기밥솥 설명서를 읽어야 합니다. 인문고전은 다른 필요를 채울 수 있는 나름의 역할을 합니다. 인문고전에 대한 새로운 인식은 과학자에게 문학적인 사고와, 시인에게 과학적인 사고를 환기할 수도 있는 것입니다. 문학과 역사와 철학으로 이루어진 인문고전은 그 속에서 "왜 사는지? 무엇으로 살아야 하는지? 어떻게 살아야 하는지?"에 대한 본질적인 질문들을 할 수 있도록 돕습니다. 따라서 매일의 삶 속에서 인문고전을 읽고, 그 성찰을 바탕으로 동료와 나누며, 적용해 가는 관점으로 전환이 필요한 시점이라고 할 수 있습니다.

인문고전에 대한 불신 3: 인문고전은 딱딱하고 어려운 책이 아닌가?

인문고전에 대한 편견 중 하나는 막연하게 어렵고 딱딱하게 생각하는 것입니다. 인문고전 전부가 다 딱딱하고 어려운 책은 아닙니다. 사실, 우리들이 인문고전이 지루하다고 생각하는 대부분의 이유는 인문고전을 제대로 경험하지 못했기 때문입니다. 이러한 불신의 벽을 깨트리고 인문고전이 쉽고 재미있을 수 있다는 관점과 인식의 전환이 무엇보다 필요하다고 볼 수 있습니다. 하지만 너무나 쉽고

편한 것만 찾으려는 우리의 습관에 대한 진지한 성찰도 필요합니다. 인문고전이 어려우신가요? 쉽게 이해가 되지 않으신가요? 그럼 읽기 부진을 겪고 있는 아이들의 경험을 간접적으로 느낄 수 있는 기회가 될 수 있는 것입니다.

도종환의 시 **"풀잎 하나를 사랑하는 일도 괴로움입니다"**를 찾아 읽어보고, 인문고전에 대해서 우리가 직면하지 않으려고 했던 것은 무엇이었는지를 성찰해 봅시다.

♫ 다시 생각해 봅시다
-----

1. 인문고전을 읽으면서 감당해야 할 어려움은 무엇일까요?

2. 그 어려움을 기꺼이 감당할 수 있는 이유는 무엇일까요?

7장. "나에게 넌, 너에게 난"

♫ 같이 생각해 봅시다

1. 우리들의 책장에는 어떤 인문고전이 꽂혀있나요?
   그 책은 어떻게 그 자리에 있게 되었나요?

2. 그 책을 읽지 못한 이유는 무엇이었을까요?

인문고전과 썸타기 #6

그이에 대해서 편견을 내려놓고 오랫동안 생각해 보았습니다. 그랬더니 신기하게도 개봉 영화를 보다가, 무심코 라디오를 듣다가, 좋아하는 드라마를 보다가도 주인공의 대사에서 그이가 생각납니다. 그이가 이렇게도 가까이에 있었는지를 이전에는 몰랐습니다.

우리들의 책장에는 인문고전이 하나씩은 있습니다. 그 책은 할머니가 읽으셨던, 아버지가 읽으셨던 것들이라 책등이 잔뜩 낡아진 상태로 있기도 합니다. 유치원 때 어머니가 밤마다 읽어주셨던, 초등학교 입학 때 작은 이모가 사주셨던, 중학교 졸업 때 큰 형이 사주었던, 고등학교 때 책방에서 빌려 남몰래 밤새 읽었던, 수능 시험 후에 헛헛한 마음에 내 돈으로 사 보았던, 취업을 준비하면서 자기계발서 사이에 함께 꿋꿋하게 사 보았던, 결혼을 준비하면서 마음을 다지기 위해서 그이와 함께 읽었던, 뱃속에 있는 자녀에게 밤마다 읽어주었던……

우리들의 생애는 이처럼 '인문고전'과 함께 해왔습니다. 사실, 그 형태는 꼭 책이라고 볼 수는 없습니다. 사실, 그 형태는 만화책 주제이기도 하고, 드라마의 대사이기도 하고, 버스정류장 광고 문구 속에서도 발견할 수 있습니다.

> 우리들의 생애는 인문고전과 함께 해왔습니다.

"가까운 사람은 제일 나중에!"
– 만화 '출동 119 구조대'의 대사 중에서

"그 사람을 위해서라면 손해 봐도 좋다는 생각이 들면 그때부터 시작이야. 손해 보는 게 하나도 아깝지 않을 때, 계산기 자체가 두드려지지 않을 때, 속이는 걸 아는데도 속아주고 싶을 때"
– 드라마 '연애의 발견'의 대사 중에서

"자연을 향합니다. 그리고 사람을 먼저 생각합니다."
– 00건강식품 광고 문구 중에서

위 인용문들은 생명에 대해서, 사랑에 대해서, 자연과 사람에 대해서 전혀 가볍지 않은 메시지를 던지고 있습니다. 인간다움과 인간성에 대한 가치를 다시 진지하게 생각하게 하는 것입니다.

인문고전은 사실 더 가까이에 있었습니다. 할아버지께서 큰 장난을 치고 혼이 날 상황에 해주시던 말씀, 할머니가 돌아가시는 순간에 남기신 유언, 스트레스에 밤새도록 게임을 하며 시들어지던 고3에게 해주시던 아버지의 말씀들 사이에도 인문고전이 있었던 것입니다.

"우리 장군님! 역시 장군처럼 행동하는구나!",
"우리 손주 항상 건강하고 남 돌보는 큰 사람 되어야지!",
"아들아! 아빠도 어릴 때 그렇게 해봤는데,
그게 오히려 스트레스만 생기게 하더라"

사실은 저런 상황에서 저런 말씀들이 얼마나 큰 위로였는지 아직도 다 깨닫지는 못했습니다. 그런데, 초등학교 때 부모님께서 사주신 만화 채근담을 최근에 다시 읽어보면서, 그 말씀들 사이에 인문고전의 위로와 지혜가 있었다는 생각을 더욱 하게 되었습니다.

급히 해결하려 해도 명확해지지 않는 일이 있을 때는 느긋하게
내버려 두면 저절로 풀릴 수 있으니 쉬이 분노하지 말라.
- 채근담 중에서

　필자는 기분파에 다혈질인 기질을 견디지 못하고 살면서 참 많이
도 주변 사람들을 원망하고, 아쉬워하고, 심지어 주변사람들에게 화
를 내는 제 모습을 보여 왔습니다. 그런데, 화가 나서 씩씩거리는
어린아이에게 살며시 다가와 달래주며 어머니가 들려주셨던 그 말
들이 저 채근담의 이야기와 크게 다르지 않다는 것을 이제서야 조
금 깨닫게 됩니다.

음.. 화가 났구나... 일단 물 한 모금부터 마시고,
큰 숨을 쉬어보자... 그래 천천히, 좀 괜찮니? 많이 속상했구나?
- 친구에게 화가 난 필자를 다독이던 어머니의 말씀 중에서

　인문고전의 언어가 옛말인 경우가 있어서 느낌이 조금 다를 수는
있지만, 두 말들을 찬찬히 곱씹어보면, 화가 난 아이의 속을 식히는
생수처럼 '같은 역할'을 한다는 것을 금방 알아차릴 수 있습니다.
그래서 유대인들이 성경말씀을 손목에 매고, 미간에 붙이기도 하는
이유를 이제는 조금 알 것만 같습니다. **용혜원의 시 "함께 있으면
좋은 사람"**을 찾아 읽어보고, '오래 사귄다'라는 의미를 다시 생각
해 봅시다.

♬ 다시 생각해 봅시다

1. 무심하게 잊었지만 주위에 있었던 옛이야기는 어떤 것이 있을까요?

2. 선택의 순간, 인생의 중요한 순간에 내게 도움이 되었던 것은 어떤 것이었나요?

8장. "우리가 사랑하면 1"

♬ 같이 생각해 봅시다

1. 인문고전을 읽으면 우리 마음에 어떤 변화가 생길까요?

2. 인문고전을 읽으면 우리의 관계에 어떤 변화가 생길까요?

인문고전과 썸타기 #8

사랑을 하면 이상한 일이 일어납니다. 그이의 모습과 행동에서 내 모습과 행동을 보기도 합니다. 그이가 가지고 있었던 결점과 부족한 행동들마저도 이해가 되고, 때로는 사랑스럽기까지 합니다. 그래서 예전과는 다르게 같이 웃고 같이 우는 마음이 생겨났습니다. 그렇게 나 자신도 조금씩 견디는 힘이 생겨나고 있습니다.

인문고전을 읽는 것은 마음과 생각에 나무를 심는 일입니다. '나무를 심는다'라는 것은 크게 2가지의 의미를 가지고 있습니다.

첫 번째, 우리가 읽은 인문고전은 홍수가 날 때, 마음의 산사태가 일어나는 일을 막아줍니다. 우리들의 인생은 어느 순간에서도 크고 작은 슬픈 일·화나는 일·원망하는 일 등이 일어납니다. 미리 알고 대비할 수 있었던 것을 제외하고는 그런 일들은 우리 삶의 많은 부분을 흔들어 놓습니다. 우리는 알고 있습니다. 때로는 도무지 견디기 힘들고 이해하기 힘든 일들도 우리 주위에 그리고 내게 일어난다는 것을 말입니다. 그 어느 누구보다 아이들을 사랑하며 바르게 살던 소중한 친구가 교통사고로 갑자기 세상을 떠나기도 했습니다. 가장 가까운 사람의 마음에 헤아릴 수 없는 큰 상처를 주기도 합니다. 큰 믿음을 가지고 바라봤던 것이 무너지기도 하고, 30여년이 지나도 해결되지 않는 가난에 무너지기도 합니다. 하루아침에 살던 집이 철거되기도 하고, 취직시험에서 계속 떨어져 5년 넘게 아무것도 못하고 지내기도 합니다. 큰 빚을 진 가족이 도망 다니는 것을 바라봐야만 하기도 합니다. 평생 해결할 수 없는 몸의 질병이 서서히 드러나기 시작합니다. 이것들은 사실 제게 일어난 일들입니다. 사실, 그것들은 우리들 주위에 일어나는 일들에 비하면 작은 아픔에 불과하기도 합니다.

갑작스러운 마음의 홍수가 나면, 우리는 무너집니다. 그리고 주변에 대해서 나 자신에 대해서 날카롭게 변하게 됩니다. 밤새도록 사랑하는 가족에게 모진 소리를 하기도 하고, 친구의 작은 잘못을 도무지 받아들여주지 않으며, 자신의 실수에 대해서 한없이 자책에 빠집니다. 그런데, 그 마음이 무너짐을 회복하게 돕거나, 한없이 무너지는 것을 막아주는 것이 있습니다. 그것은 바로 우리가 읽었던 인문고전입니다. 사랑하는 이를 잃어버린 날, 저는 다음의 시와 성경말씀에서 위로를 얻었습니다.

> 7월은 나에게
> 치자 꽃 향기를 들고 옵니다.
> 하얗게 피었다가
> 질 때는 고요히
> 노란빛으로 떨어지는 꽃
>
> 꽃은 지면서도
> 울지 않는 것처럼 보이지만
> 사실은 아무도 모르게
> 눈물 흘리는 것일 테지요?
>   -이해인의 "7월은 치자꽃 향기 속에"

모든 일에 기한이 있고, 모든 일에 때가 있습니다. 날 때가 있고 죽을 때가 있으며 심을 때가 있고 심은 것을 뽑을 때가 있습니다. 울 때가 있고 웃을 때가 있으며 슬퍼할 때가 있고 춤 출 때가 있습니다. 사랑할 때가 있고 미워할 때가 있으며 전쟁할 때가 있고 평화할 때가 있습니다.

        -성경의 전도서 3장

인문고전의 위로가 마음의 무너짐에 지지대가 되어주는 장면입니다. 인문고전 속 주인공의 아픔에 내 아픔이 반영되기도 하고, 이해되지 않던 일들이 해석되기도 하며, 그 격려 속에서 자신의 상황에 직면할 작은 힘을 회복하게 되는 것입니다. 그 지지와 회복이 우리들의 인성을 견고하게 지탱하는 댐의 역할을 하게 되는 것입니다.

두 번째, 우리가 읽은 인문고전은 우리 주변에 작은 공동체를 이루어줍니다. 나를 위로한 그 위로로 주변의 '너'들을 위로하기 시작하게 되는 것입니다. 주변사람들에 대한 날카로운 말들이 줄고, 나 자신을 이해한 만큼 '너'들을 위로하는 말을 전해 줄 작은 힘이 생겼기 때문입니다. 인문고전을 읽고 우리 마음과 생각에 숲이 형성되면, 일어나는 가장 큰 변화입니다. 1%가 되어서, 천재가 되어서 남은 99%와 열등생을 도무지 이해하지 못하는 혼자가 되는 것이 아니라, 같이 울 수 있고 같이 웃을 수 있는 사람이 되는 것입니다. 그것이 바로 나와 너의 만남을 통해서 이룰 수 있는 가장 아름다운 모습인 '공동체'입니다. 저는 다음의 인문고전 구절에서 그러한 사실을 알아차렸습니다.

사랑은 하나다. 감정은 '소유'되지만 사랑은 생겨난다.
감정은 사람 안에 깃들지만 사람은 사랑 안에서 살아간다.
....(중략)....
사랑은 '나'와 '너' '사이'에 있다.

– 마르틴 부버의 '나와 너' 중에서

너희를 박해하는 자를 축복하라 축복하고 저주하지 말라.

즐거워하는 자들과 함께 즐거워하고 우는 자들과 함께 울라.

서로 마음을 같이하며 높은 데 마음을 두지 말고

도리어 낮은 데 처하며 스스로 지혜 있는 체 하지 말라.

- 성경의 로마서 12:14-21

　인문고전 10권 읽은 사람과 인문고전 1권 읽은 사람의 차이는 무엇일까요? 인문고전 10권 읽은 사람이 인문고전 1권 읽은 사람을 낮게 볼 수 있다는 것이 절대 아닙니다. 전자는 후자를 더 이해할 수 있는 상황이 되었다는 것뿐입니다. 비교는 나와 너의 관계에서 '너'의 존재를 인정하지 않거나, '나'의 존재를 부정하게 합니다. 비교하기보다는 인문고전을 통해서 나를 돌아보고, 너를 이해하는 관계의 형성이 필요합니다. 이는 인문고전을 더 많이 읽은 '내'가 도리어 낮은 데 마음을 두고, '너'를 이해하려 할 때, 우리 마음에 나무로 심겨진 인문고전은 어느새 숲이 될 수 있다는 것입니다. 그 숲에 깃들어 함께 살아갈 생명과 그 숲 주변이 맞이할 새로운 역사가 상상만 해도 즐겁습니다. 이것이 인문고전을 읽는 본질적인 목적입니다. 그것은 '사랑'입니다. 이정하 시인의 시 "기대어 울 수 있는 한 가슴"을 찾아 읽어보고, 우리가 인문고전을 사랑하는 이유를 생각해 봅시다.

♬ 다시 생각해 봅시다

1. 힘든 날, 내게 위로가 되었던 인문고전의 한 구절을
   생각해 봅시다.

2. 인문고전이 왜 인성함양에 도움이 된다는 것일까요?

9장. "우리가 사랑하면 2"

♬ 같이 생각해 봅시다

---

1. 인문고전은 창의성과 어떤 관련이 있을까요?

---

2. 인문고전을 읽으면 나에게 어떤 도움이 될까요?

인문고전과 썸타기 #9

그녀와 다시 재회를 했다. 그녀와 헤어지고 난 후에 곰곰이 그녀에 대해서 생각을 하게 되었고, 내가 그녀에 대해서 정말 많은 걸 모르고 있음을 깨달았다. 내가 그녀를 안다고 확신했지만 내가 알고 있는 것은 정말 없었다. 그때부터 나는 지난 시간을 되돌리면서 그녀에 대해서 알려고 노력했다. 그리고 우리는 극적으로 다시 만났다.

인문고전을 이야기하기 전에 저는 이세돌과 알파고의 바둑 대결에 대해서 잠시 말씀을 드리고자 합니다. 알파고는 여러분들도 언론에서 여러 번 들었다시피 1202대의 컴퓨터로 연결된 하나의 거대한 인공지능 컴퓨터입니다. 대국을 하기 전에 이세돌 9단은 5대0이나 4대1로 이기겠다고 호언장담했지만 결과는 4대1의 참패였습니다. 우리가 여기에서 주목해야 할 것은 누가 이기고 지느냐 보다는 이 세기의 인간과 인공지능과의 대결이 우리에게 주는 시사점이 무엇이냐 하는 것입니다.

여러분은 무엇이라 생각하십니까?

저는 창의성이라고 생각합니다. 구글 측에서 세계 바둑 랭킹 1인인 중국의 커쇼 9단이 아니라 세계 바둑 랭킹 5위인 이세돌 9단을 선택한 이유도 바로 창의성과 밀접한 관련이 있습니다. 물론 구글 측이 개발한 인공지능 프로그램 딥마인드가 대국 상대를 정할 때 수십 년간의 데이터가 축적되어 있기 때문에 이세돌 9단을 선택했다고는 했습니다. 하지만 구글이 이세돌 9단을 선택한 결정적인 이유는 바로 이세돌 9단이 다른 프로 기사들과는 다르게 창의적으로 바둑을 두기 때문이었습니다. 창의적인 바둑의 대가인 이세돌 9단과 구글의 알파고의 대결은 결국 인간과 인간을 닮고자 하는 인공지능과의 창의성의 대결이었습니다.

참고로 구글의 알파고는 여러분들도 알다시피 기존의 인공지능과는 다르게 딥러닝이라고 해서 스스로 학습하는 시스템을 갖추고 있었습니다. 단순하게 알고리즘과 연산에 의존에 기계적으로 반응하는 것이 아니라 다양한 문제 상황 속에서 스스로 배우고 익히게 프로

그래밍 되었던 것입니다. 그렇기 때문에 수십만 건의 대국의 정보를 통해서 단시간 내에 이세돌 9단을 능가하는 바둑 실력을 갖게 되었습니다. 마치 천년동안 바둑만 둔 인간에 비유를 할 정도로 알파고의 바둑 실력은 대단했습니다.

제가 창의성이라고 생각한 이유는 제4국 78번째 이세돌이 둔 신의 한수에 있습니다. 4국에서 이세돌 9단이 승리한 것은 전무후무한 78번의 바둑을 두었기 때문입니다. '해설자들도 절대 거기에는 프로기사들이 놓지 않는다.'라고 하는 자리에 이세돌 9단이 바둑돌을 두었습니다. 그 자리는 곧 이세돌 9단이 알파고를 무너뜨리는 단초가 되었고 알파고의 승리예측도 70프로에서 50프로로 떨어지게 됩니다. 그 후 알파고는 마지막까지 선전을 했지만 불계패를 선언하게 됩니다. 해설자들과 전문가들은 알파고가 이세돌의 낭만적이면서 창의적인 한수에 제대로 대응을 하지 못해서 진 것이라고 이구동성으로 말을 했습니다. 이세돌 9단의 창의성이 천년동안 바둑만 둔 사람에 비유되는 알파고를 무너뜨린 것입니다.

인공지능 알파고와 인류대표 이세돌과의 세기의 바둑대결은 우리에게 불편한 메시지를 던져 주었습니다. 과연 인공지능은 우리의 인류의 삶에 어떠한 영향을 미칠 것이며 그 영향은 얼마나 파급력이 있을까 하는 것입니다. 이세돌과 알파고의 바둑 대결이 이루어지는 동안 연일 화두가 되었던 것이 바로 인공지능이었습니다.

인공지능은 우리 인류의 삶에 독이 될까요? 아니면 득이 될까요? 바로 이러한 사회적 문제의 해답이 인문고전 안에 녹아져 들어가 있다고 생각합니다.

여기에서 여러분들은 왜 하필이면 고리타분한 인문고전에서 창의성을 찾느냐고 반문할 수도 있습니다. 여러분은 창의성을 무엇이라고 생각하나요? 창의성은 한마디로 무엇이라고 정의를 내릴 수 있을까요? 무조건 새로운 것이 창의적인 것이라고 할 수 있을까요? 창의성의 본질은 다양하게 정의가 내려질 수 있습니다. 저는 '해 아래 새 것이 없다'는 성경말씀과 창의성을 연결시켜 생각해 보고자 합니다. '해 아래 새 것이 없다'는 말은 곧 우리게 절망감을 안겨 줍니다. 이미 예전에 모든 것들이 다 만들어지고 발견되고 발명이 되었다면 앞으로의 인류를 어떻게 창의성을 발휘할 수 있을까요?

뇌과학자 김대식 교수님은 한 강연에서 미래의 인공지능과의 대결에서 이길 수 있는 키워드로 창의성과 아름다움이라고 했습니다. 왜냐하면 '창의성과 아름다움'은 결코 인공지능이 인간을 뛰어넘을 수 없기 때문입니다.

인문고전은 오래된 미래입니다. 인문고전에서는 과거의 사람들이 당대의 삶을 살아가면서 녹아내고 싶었던 진수들이 모두 다 망라되어 있습니다. 인문고전을 읽는다는 것은 곧 온고지신의 정신으로 내일을 만나는 것입니다. 인문고전이 창의성의 원천이 될 수 있는 것은 과거와 현재 그리고 미래의 삶을 재맥락화는 그 지점에서 발생합니다.

> 인문고전은 오래된 미래입니다.
> 인문고전에서는 과거의 사람들이 당대의 삶을 살아가면서 녹아내고 싶었던 진수들이 모두 다 망라되어 있습니다. 인문고전을 읽는 다는 것은 곧 온고지신의 정신으로 내일을 만나는 것입니다.

과거에 살았던 사람들의 사고방식과 가치체계가 고리타분하다고 할 수 있지만, 인간의 보편적인 생각에 접속해서 고민하고 성찰했던 부분은 그리 많이 다르지 않습니다. 인문고전은 창의성의 원천이자 보고입니다. 현재에 머무르고만 있었던 생각들을 과거와 접속해서 새로운 미래를 설계해 줍니다. 인문고전과 접속해 보세요. 오래된 미래가 열릴 것입니다. **다음 글귀를 읽으면서 창의성과 인문고전의 관계를 생각해 봅시다.**

전에 있던 것도 다시 있을 것이며 이미 한 일도 다시 하게 될 것이니 세상에는 아무것도 새로운 것이 없다.
"보라, 이것은 새 것이다"하고 말할 수 있는 게 무엇인가?
그것은 우리가 태어나기 전에 오래 전부터 있었던 것이다.
우리가 과거에 일어난 일을 기억하지 않으니 앞으로 올 세대들도
우리 시대에 일어난 일을 기억하지 않으리라
– 성경의 전도서 1장 8-11절

♬ 다시 생각해 봅시다

1. 인문고전과 창의성은 어떤 관련이 있을까요?

2. 인문고전을 창의성으로 원천으로 만들기 위해 우리 는 어떤 노력을 기울여야 할까요?

10장. "당신과의 데이트 방법 1"

♫ 같이 생각해 봅시다

1. 인문고전을 바르게 읽으려면 어떤 준비가 필요할까요?

2. 인문고전이 내 삶에 연계되려면 어떤 과정이 필요할까요?

인문고전과 썸타기 #10

나는 새로운 버릇이 생겼습니다. 그것은 그이가 좋아하는 음식과 그이가 좋아하는 음악과 그이가 좋아하는 일들을 가볍게 적어놓는 버릇입니다. 그리고 종종 아니 자주 그이에 대해서 생각하게 되었습니다. 그 깊은 생각의 과정에서 그이와 내가 이어지는 경험을 하기도 합니다. 그리고 나는 그이의 말들을 기억하며 이전과는 다른 하루하루를 살아가기 시작했습니다.

인문고전을 인문고전 답게 읽는 방법을 알고 싶어서, 인문고전의 독서에 대한 다양한 책들을 살펴보았습니다. 이 책들은 인문고전의 독법(讀法)에 대해서 다루고 있으며, ***표시가 된 책들은 인문고전의 하위 구성 요소인 문학, 역사, 철학의 독법에 대해서도 자세히 다루고 있습니다.

김삼웅(2012), 독서독본, 현암사.

김월회(2007), 살아 움직이는 동양 고전들, 안티쿠스.

김병완(2014), 기적의 고전 독서법, 북씽크.

신영복(2004), 나의 동양고전 독법 '강의', 돌베개.

이지성 (2010), 리딩으로 리드하라 : 세상을 지배하는 0.1퍼센트의 인
　　　　문고전 독서법, 문학동네.

정민(2013), 정민 선생님이 들려주는 고전 독서법, 보림출판사.

정민(2013), 오직 독서뿐, 김영사.

***모티머 J. 애들러(2000), 생각을 넓혀주는 독서법, 멘토.

***천쓰이(2013), 동양 고전과 역사, 비판적 독법, 글항아리.

***채석용(2011), 나를 성장시키는 독서법, 소울메이트.

위 책들을 읽으며, 인문고전을 인문고전 답게 읽는 핵심적인 방법을 추출해 보면 크게 5가지로 도출할 수 있었습니다. 그것은 '비우기-채우기-사색하기-연결하기-실천하기'입니다. 참고로, 여기에 적은 인문고전의 구절은 정민 선생님의 글에서 재인용한 것입니다.

첫째, '비우기'는 인문고전을 읽으며 0.1%가 되려는 욕심이나 걱정스럽고 고민스러운 마음을 내려놓는 것을 말합니다. 이를 위해서

바른 자세로 숨을 쉬거나, 잔잔한 음악을 듣거나, 자신의 책상을 가볍게 정돈하는 일이 필요합니다.

무릇 독서는 절대로 서둘러 의문을 깨치려 들면 안 된다. 단지 마음을 가라앉히고 뜻을 오롯이 해서 읽고 또 읽는다.

- 홍대용, 「여매헌서」 중에서

둘째, '채우기'는 인문고전을 꼼꼼하게 읽는 일입니다. 의미 있는 단어에 밑줄을 하고, 한 번에 이해되지 않는 구절에 표시를 해두고, 모르는 부분은 관련된 내용을 찾아보거나, 전체의 내용을 생각하면서 다시 한 구절의 의미를 생각해볼 수 있습니다. 이 과정들을 질문의 형태로 만들고, 스스로 질문과 답을 해 보며, 이 전체 과정들을 필사해두는 것입니다.

무릇 책은 눈으로 보고 입으로 읽는 것이 마침내 손으로 써 보는 것만은 못하다. 대개 손이 움직이면 마음이 반드시 따라가기 마련이다. 스무 번을 보고 외운다 해도 한 차례 베껴 써 보는 효과만 못하다.

- 이덕무, 『사소절』 중에서

「장횡거화상찬」에 묘계질서(妙契疾書), 즉 오묘한 깨달음이 오면 재빨리 적었다고 했다. 묘계 즉 오묘한 깨달음은 잘 하기 어렵지만 그 즉시 써 두는 질서는 쉬운 일이다. 장횡거가 『정몽』을 지을 적에 가는 곳마다 붓과 벼루를 마련해 두었다. 또 밤중에라도 얻은 바가 있으면 일어나서 등불을 가져와 이를 써 두고 했다. 빨리 하지 않으면 금세 달아날까봐 염려해서였다.

                                - 이익 , 『성호사설』 중에서

셋째, '사색하기'는 생각하고 생각하는 시간입니다. 잠시 산책을 하거나, 다른 곳을 바라보는 시간을 마련해서 그 인문고전 의미에 대해서 숙고하는 시간입니다. 이런 숙고의 시간은 인문고전에 대한 깊은 사고를 할 수 있는 여지를 줄 수 있기 때문입니다.

글을 대충 통한 사람은 반드시 의문이 없다. 이는 의문이 없는 것이 아니라 궁구하여 탐색한 것이 일정 수준에 도달하지 못하기 때문이다. 의문이 없는 데서 의문이 생기고, 아무 맛없는 데서 맛이 생겨난 뒤라야 능히 독서한다고 말할 수가 있다.

                                - 홍대용, 「여매헌서」 중에서

넷째, '연결하기'는 인문 고전과 나를 이어주는 시간입니다. '과거의 나, 현재의 나, 미래의 나'를 연결하거나, 나와 내 주변에서 일어나는 일, 나와 내가 읽거나 본 매체를 연결하는 것을 말합니다. 이는 인문고전을 좀 더 오래 기억하도록 하고, 그 독서의 결과가 삶에 내면화되는 것을 돕습니다.

독서는 우선 숙독해야 한다. 그 말이 모두 내 입에서 나온 것같
이 해야 한다. 계속해서 정밀하게 따져 보아 그 뜻이 죄다 내
마음에서 나온 것처럼 해야 한다. 그래야만 얻었다고 할 수가 있
다. 하지만 숙독해서 깊이 생각하여 깨달아 얻은 뒤에도 또 이
정도에서 의문을 멈추면 안 된다.

– 양응수, 「독서법」 중에서

다섯째, '실천하기'는 인문고전의 독서결과를 '삶'으로 확대하는
시간입니다. 이를 위해서 인문고전의 구절을 암송할 수 있습니다.
인문고전의 독서결과를 자신만의 표현방법으로 남겨둘 수 있습니다.
인문고전을 부분적으로 수정하거나 전체적으로 바꿔서 새롭게 쓸
수도 있습니다.

독서의 방법은 일과를 정하는 것보다 좋은 것이 없고, 질질 끄는
것보다 나쁜 것이 없다. 많이 읽으려고 욕심내지 말고, 속히 읽
으려고도 하지 말라. 몇 줄을 읽을지 정하고 횟수를 정해 놓고
날마다 읽어 나가라. 뜻이 정밀해지고 의미가 또렷해지며, 음과
뜻이 익숙해져서 저절로 외어지면 그 다음으로 넘어간다.

– 박지원, 「원사」 중에서

위의 내용은 문학과 역사와 철학을 읽을 때에 공통적인 부분을
다루고 있습니다. 문학과 역사와 철학을 읽는 방법은 조금씩 다릅
니다. 예를 들면, 문학은 인물들의 상황에 공감하면서, 역사는 역사

연표를 함께 보면서, 철학은 삶의 본질적인 문제들에 질문을 던지면서 읽을 수 있습니다. 그 구체적인 사항은 이 책의 범위를 넘어서는 부분이므로 차후에 글에서 다루어보겠습니다.

또한 인문고전별로 읽는 방법이 다음과 같이 다를 수 있습니다.

『맹자』와 『논어』를 보는 법은 다르다. 『논어』는 냉정하게 보아야 하고, 『맹자』는 숙독해야 한다. 『논어』는 구절과 뜻마다 각기 한 가지 의리를 담고 있어 자세하고 고요히 살펴야만 한다. 『맹자』는 큰 단락으로 되어 있어 처음부터 끝까지 관통해서 숙독해야 글의 뜻이 드러난다. 한 구절 한 글자마다 깨달으려 들어서는 안 된다.

- 양응수, 「독서법」 중에서

그러나, 인문고전별로 독서 방법이 다르다는 구체적인 내용은 이 책의 범위를 넘어서는 부분이므로 차후에 글에서 다루어보겠습니다. 유영석의 "사랑 그대로의 사랑" 노래 가사를 찾아 읽어보고, 인문고전을 사랑하는 방법을 함께 성찰해 봅시다.

♬ 다시 생각해 봅시다

1. 인문고전을 읽으면서 필사하는 것은 어떤 효과가 있을까요?

2. 인문고전을 읽고 숙독하기 위해서 따로 시간을 어떻게 낼 수 있을까요?

11장. "당신과의 데이트 방법 2"

♫ 같이 생각해 봅시다

----

   1. 인문고전을 어떻게 읽으면 효과가 나타날까요?

   2. 인문고전과 하브루타는 어떤 관련이 있을까요?

인문고전과 썸타기 #11

그녀와 다시 만난 후에 우리는 하루 종일 붙어 있습니다. 밥 먹을 때도 차를 탈 때도 직장에서도 우리가 함께한 시간은 정말 행복합니다. 이대로 시간이 멈추었으면 좋겠습니다. 그래서 요즘은 그녀에 대해서 더 자주 주변 사람들과 이야기를 합니다. 그녀를 어떻게 더 이해할 수 있을지 조언을 구하거나 하는 식으로 말입니다.

요즘 학교현장에서는 거꾸로 수업과 함께 하브루타 독서토론이 유행처럼 번지고 있습니다. 하브루타는 짝하고 토론하는 유대인의 공부방법입니다. 유대인들은 토라와 탈무드를 가지고 집에서도 학교에서도 거리에서도 누구를 만나든 서로 대화하고 논쟁하고 토론할 준비가 되어 있습니다. 유대인들의 도서관을 혹시 보셨나요? 유대인의 도서관은 우리나라의 도서관처럼 결코 조용하지 않습니다. 탈무드를 놓고 서로 토론을 하느라 정신이 없습니다. 우리나라의 시장보다 더 시끄러울 것입니다.

오늘날 유대인들이 전 세계를 움직이는 근본에는 바로 하브루타가 있습니다. 하브루타의 본질은 끊임없이 서로 질문하고 대화하고 토론하는 것입니다. 하브루타에는 '상대방이 누구냐' 하는 것과 '정답이 무엇이냐'는 중요하지 않습니다. 중요한 것은 '정답을 찾아가는

> 하브루타에는 상대방이 누구냐 하는 것과 정답이 무엇이냐는 중요하지 않습니다. 중요한 것은 정답을 찾아가는 과정에서 서로가 서로를 존중하면서 경청하고 대화를 주고받는 것입니다.

과정에서 서로가 서로를 존중하면서 경청하고 대화를 주고받는 것'입니다. 그 과정 속에서 유대인들은 논리적 사고력, 경청능력, 배려, 인성을 저절로 습득을 하는 것입니다.

유대인들에게 하브루타는 자연스런 하나의 문화입니다. 그렇기 때문에 유대인들에게 낯선 사람과의 대화나 토론 및 논쟁은 전혀 낯선 것이 아닙니다. 학식이 뛰어난 랍비와 초등학생이 토론을 하다가도 초등학생이 논리적으로 더 우수한 질문이나 내용을 말할 수

있다면 랍비는 초등학생을 인정해 줍니다. 어른이라고 해서 우월할 것도 반대로 아이라고 해서 주눅들 필요가 없는 것이 하브루타의 기본 정신이자 원리입니다.

사실, 우리나라는 유교문화권에 속해 있습니다. 그래서 아직은 어른과 아이 혹은 어른과 청년들 혹은 중고등학생들이 자유롭게 나이를 초월해서 어떤 사안에 대해서 대화나 토론을 하기에는 무리가 있습니다. 하지만 우리도 이제는 유대인처럼 나이와 세대를 뛰어넘어서 어느 누구와도 열린 마음을 가지고 토론을 할 수 있는 자세가 필요합니다.

인문고전으로 하브루타를 합시다. 인문고전으로 공동체를 꾸려 토론을 합시다. 독서토론공동체인 숭례문학당이 펴낸 책처럼 '함께 읽는 것은 실로 힘이 세다'는 것을 인문고전동아리를 운영하면서 느끼게 되었습니다. 그러기 위해서는 먼저 인문고전을 정기적으로 읽고 토론할 수 있는 공동체를 꾸리는 작업들이 선행되어야 합니다. 공동체 구성원들의 수준에 맞는 인문고전을 선정하고 그 책을 읽고 토론을 하면 됩니다. 가정에서도 가족들 수준에 맞는 인문고전을 정해 일정기간동안 읽고 가족들이 모두 모이는 저녁식사시간이나 주말에 토론을 할 수 있습니다. **그 토론의 모습이 어떠해야하는 지를 김용택의 시 "그이가 당신이에요"를 찾아 읽어보고 성찰하여 봅시다.**

♬ 다시 생각해 봅시다

1. 가정이나 학교 직장에서 인문고전을 토론하기 위해서 준비해야 할 것들은 무엇이 있을까요?

2. 인문고전으로 독서토론을 하면 어떤 점들이 좋을까요?

12장. 그녀와 꿈꾸는 미래

♬ 같이 생각해 봅시다

1. 인문고전과 미래형 교육과정은 어떤 관련이 있을까요?

2. 인문고전을 통해 미래핵심역량을 발현시킬 수 있을까요?

인문고전과 썸타기 #12

그녀와의 밝은 미래를 꿈꾸어 봅니다. 그 미래에 그녀와 나는 어떻게 살아가야 할까요? 미래는 과연 어떤 모습으로 우리를 기다리고 있을까요? 설렘과 기대로 그녀와 살아갈 미래의 모습들을 그려 봅니다. 한편으로는 그녀와 어떻게 미래에 적응해서 살아가야 할는지 두려운 마음도 들곤 합니다.

자율주행자동차, 무인항공기 드론, 사물인터넷, 인공지능은 요즘 화두가 되고 있습니다. 불과 몇 년 전까지 상상도 못할 일들이 우리의 눈앞에서 펼쳐지고 있는 것입니다. 특히 인공지능기술의 비약적인 발전은 인간의 영역까지 넘보고 있습니다.

지식정보화 사회에서 지능정보화 사회로의 변화는 이제 시대적인 흐름이자 조류입니다. 과거에는 컴퓨터를 통한 지식을 어떻게 처리하고 활용할지에 초점을 맞추었다면, 이제는 인공지능과 사물인터넷 등이 인간을 대신해 인간의 결점을 보완하고 발전하는 방향으로 초점이 맞추어지고 있습니다. 지식정보의 처리에서 이제는 인간을 대신하는 사물인터넷과 자율주행자동차, 인공지능의 등장으로 지능정보의 사회로의 변화는 우리의 미래교육과정에도 큰 영향을 주었습니다.

2015 개정교육과정에서는 '바른 인성을 갖춘 창의융합형 인재양성'을 목표로 하고 있습니다. 창의융합형 인재란 '바른 인성을 가지고 인문학적 상상력과 과학기술 창조력으로 새로운 지식을 창조하고 다양한 지식을 융합하여 새로운 가치를 창출할 수 있는 사람'을 의미합니다.[2] 현대 사회는 급격하게 변하고 있다. 사물인터넷과 인공지능, 자율주행자동차의 개발과 더불어 세상은 새로운 패러다임과 가치를 우리에게 요구하고 있습니다.

인문고전은 인문학적 상상력의 원천이 될 수 있습니다. 인문학적 소양 혹은 인문학적 상상력은 세상을 보는 안목과 사람을 이해하는 능력을 일컫는 용어입니다. 인문학적 소양은 자신을 둘러싼 타인

---

2) 교육부(2016), 2015 개정교육과정 총론 해설서, 42쪽.

그리고 사회와 문화를 이해하고 비판적 사고 및 판단 능력을 바탕으로 사회문제를 해결하고 사회발전에 이바지하는 태도를 기르는 것을 목적으로 합니다.3)

인문학 및 인문고전의 사명과 비전은 결국 인간의 가치나 인간과의 관계를 통해서 사회 문화의 문제를 이해함과 동시에 적극적으로 문제를 해결하는데 궁극의 역할을 할 수 있습니다. 인문고전에는 가깝게는 수백 년에서 멀게는 수천 년을 이어오면서 다양한 인간상이 그려져 있습니다. 더불어 역사·문학·철학의 다양한 인문고전은 인간상의 재현과 함께 당대 사회의 문화나 모습을 고스란히 담고 있습니다. 인간에 대한 기본적인 가치, 다양한 인간상과 인간관계의 갈등 속에서 빚어지는 여러 가지 사회문제에 비판적인 시선들이 인문고전에는 녹아져 있는 것입니다.

더불어 인문고전은 상상과 융합의 원천 역할을 할 수 있습니다. 인문고전을 통해 과거를 반추하고 현재를 성찰하면 미래를 준비할 수 있습니다. 인문고전은 결코 과거에만 머물러 있지 않습니다. 현재와의 끊임없는 교감과 대화를 통해 현대를 살아가면서 미래를 준비하는 현대인에게 많은 융합과 창조의 실마리를 제공해 줄 수 있습니다. 인문고전을 과거에만 국한시켜 생각한다면 그 활용범위는 그다지 넓지 않습니다. 하지만 인문고전을 현대화 접목시켜 새롭게 바라본다면 미래를 향한 새로운 시각과 비전이 형성될 수 있습니다. 과거에 머물러 있는 인문고전을 현재의 시선으로 리모델링하고 미래의 청사진과 비전을 꿈꿀 수 있습니다.

---

3) 앞의 책, 42쪽

인문고전은 창조와 융합 그리고 통섭의 시대에 필요한 많은 가치를 함축하고 있습니다. 미래를 살아갈 우리 후손들에게 전해줄 선조들의 통찰과 지혜가 담겨 있습니다. 지식과 학문 그리고 나라의 민족의 경계가 사라지고 하나의 지구촌이 되어가는 미래시대에 인문고전은 현재의 길을 묻는 동시에 미래의 길을 준비할 수 있는 발판이 될 수 있는 것입니다. 통섭과 융합의 시대에 많은 가치들이 인문고전에 숨겨져 있습니다.

인문학적 상상력과 더불어 미래세대에게는 미래를 살아갈 핵심역량들이 필요합니다. 미래를 살아갈 미래세대에게 필요할 핵심 역량에는 자기관리 역량, 지식정보처리 역량, 창의적사고 역량, 심미적감성 역량, 의사소통 역량, 공동체 역량 등이 있습니다. 인문고전을 통해서 미래세대가 이러한 핵심 역량을 기르는 데에 도움을 줄수 있습니다. 인문고전을 읽는 행위 자체는 지식정보처리 역량을 길러줄 수 있고, 인문고전을 읽고 서로 경청하고 토론하는 과정을 통해 의사소통 역량 및 공동체 역량을 길러 줄 수 있습니다. 또한 인문고전은 과거 현인(賢人)들의 사고에 접속을 통해 창의적사고 역량을 기를 수 있고, 더불어 현인들의 감성과 삶의 자세를 통해서 미적 감성과 자기관리 역량이 함양될 수 있는 것입니다.

그러나 이러한 것들은 모두 현재에서 바라본 미래입니다. 정작 우리는 미래를 현재의 기준과 시각으로 바라보고 있는지도 모릅니다. 인문고전과의 동행은 그래서 그 보이지 않는 아름다움을 찾기 위한 노력으로 경주되어야 할 것입니다. 이용채 시인의 시 "아름다움 만남을 기다리며"를 찾아 읽어보고, 인문고전과 미래에 대한 생각을 성찰해 봅시다.

♬ 다시 생각해 봅시다

··

1. 다가올 미래에 우리가 인문고전을 통해 어떻게 대비
   할 수 있을까요?

2. 인문고전은 미래의 삶에 어떻게 적용을 해 볼 수 있
   을까요?

··

2부

"매일 그대와" _
'프로젝트 X 인문고전과 썸타기'
1년간의 기록

2부에서는 논문의 언어를 가능한 버리고, 누구나 쉽게 읽고 이해하실 수 있도록 시간의 흐름에 따라 내러티브의 언어로 표현하였습니다. 특히, '좋은교사 프로젝트 X'를 통해서 한 초등학교에서 명심보감을 읽은 1년간의 기록을 찬찬히 담아보았습니다. 편안한 마음으로 읽어주세요.

1장. 프롤로그 - 연구자들의 연구 배경이야기

    교사 연구자로서 저자들은 한국교원대학교 일반대학원 파견 동기입니다. 존경하는 신헌재 교수님과 이경화 교수님의 지도를 받으며, 아동문학교육과 초등국어교육에 대한 깊은 배움을 할 수 있었습니다. 저희는 밤늦도록 공부하는 제자들의 건강을 염려하시는 교수님들의 배려로 늘 정기적인 산책을 할 때가 많았습니다. 그 산책의 시간은 사색과 토론의 장이었습니다. 저희 둘은 각기 석사논문은 다른 주제를 썼지만, 그 산책 시간에는 늘 인문고전에 대한 같은 주제의 이야기들을 나누었습니다. 어찌 보면 그 시간이 '하브루타'의 실천이었고, 저희는 그렇게 서로를 존중하며 성찰을 나누는 지기(知己)가 되어갔습니다.

    어려운 인문고전책들 중 특히 철학책을 함께 읽고 토론을 했습니다. 처음에는 석사논문에 도움이 되리라는 막연한 기대로 철학의 역사, 해석학, 현상학과 관련된 책을 막무가내로 읽었습니다. '적어도 우리의 사고 체계가 좀 더 논리적이 되지 않을까.'하는 자기 위로도 잊지 않았습니다. 그러나 조급한 마음에 읽는 책들은 그저 저

만치 떨어져 있는 지식일 뿐, 내 삶을 바꾸어 놓지 못한다는 것을 조금씩 알아차리게 되었습니다. 참 이상하게도 하나라도 더 어려운 책을 읽고 이해한 사람이 그렇지 못한 사람을 낮게 보는 것들도 느끼게 되었습니다. 그러면서 인문고전을 읽은 것이 사람을 평가할 수 있는 잣대가 될 수 있는지에 대해서 깊은 고민에 빠지게 되었습니다. 그 고민에 빠뜨린 구절은 다음과 같습니다.

한권의 고전을 읽은 사람은 그렇지 않는 사람을 부리고 10권의 고전을 읽은 사람은 한권의 고전을 읽은 사람을 다스리며 100권의 고전을 읽은 사람은 세상을 통치한다.

— 송재환의 '초등고전 읽기혁명' 중에서

도대체, 인문고전이 무엇이기에 사람의 가치를 평가하고, 다른 사람을 지배하는 논리의 바탕이 된다는 말인가? '사람'이 부리고, 다스리고, 통치하는 대상인가? 이해하고, 사랑하며, 함께하는 대상이 아닌가? 인문고전을 읽는 사람들의 목표가 '세상을 지배하는 0.1%'라고 당당히 말하면, 99.9%는 피지배자이라는 논리인 것인가? 인간에 대한 진지한 성찰과 생명에 대한 사랑과 자연과 예술에 대한 감성을 담은 인문고전을 읽은 사람이 추구해야할 목표가 고작 다른 사람들을 낮게 보고 자기행복과 자기만족 등의 자기중심적으로 살기 위한 것인가?

— 2015년 8월 2일, 진용성의 성찰일기 중에서

무언가 잘못되어 보였습니다. 인문고전을 읽는다는 것이 전혀 사람이 중심이 아니라 철저하게 인문고전의 실체 중심으로 보였습니다. 그래서 우리들은 인문고전의 읽는 사람의 마음가짐이 중요하다는 생각을 하게 되었습니다. 무엇을 중심에 두느냐는 것은 가치판단의 문제와도 연결됩니다. 인문고전을 읽는 목적이 단순히 부자가 되기 위함이라면, 행여 재물을 쌓는다고 해도 그 재물을 바르게 사용될 여지가 적기 마련입니다. 인문고전을 읽는 목적이 '정의로운 실천'이라면, 그 사람의 삶은 정의에 대해서 계속 고민하면서 주위에 깊은 영향을 주게 마련입니다.

그래서 우리들은 인문고전을 읽는 마음가짐과 목적에 대해서 깊이 고민을 나누게 되었고, 그 고민은 '청람 인문고전 연구소'의 비전이 되었습니다. 우리는 공동으로 다음과 같은 로드맵을 구성하게 되었습니다. 2016년에 참가하게 된 '프로젝트 X'는 로드맵의 첫 발걸음이 되었습니다.

〈표 2-1〉 인문고전 교육 연구의 로드맵(10년 계획)

구분	시기	세부 내용
기초 토대 마련의 시기	2016년	실태파악, 이론적 토대 연구, 교사수준의 실행 연구(성찰적 교단일기 작성)
기본 정착의 시기	2017-2018년	학년 단위 실행 연구 전문적 학습 공동체와 연계
영역 확장과 공유의 시기	2019-2020년	학교 단위 실행 연구 학부모 및 지역 공동체와 연계
융합과 협력으로 열매 맺는 시기	2020-2026년	학교 급 간 연계(유치원-대학교육)에 대한 실행 연구, 평생 교육 차원의 실행연구

선종수 선생은 근무하고 있는 초등학교에서 인문고전동아리를 운영하면서 인문고전에 대한 교사의 관심을 북돋는데 힘을 쏟고 있습니다. '배워서 남주자.'라는 신념으로 더욱더 많은 사람들이 인문고전을 읽고 배워서 가정에서 인문고전으로 토론하는 모습들이 일상화 되었으면 하는 바람을 가지고 살고 있습니다. 나중에 인문고전 교육과정을 가지고 미래인재를 양성하는 대학을 세우는 것이 저자의 꿈입니다.

진용성 선생의 꿈은 인문고전의 독서를 통해서 상처받고 힘들어하는 우리 아이들이 스스로 견디고 이겨낼 힘을 기를 수 있도록 돕는 것입니다. 현재는 북한이탈주민 학생들을 대상으로 인문고전 독서치유 프로그램을 추진 중입니다. '평생 양을 먹이는 자가 되게 하소서'라는 삶의 목적을 가지고 살아가는 저자에게는 캄보디아에 학교를 세우고, 교사들을 키우는 것이 중요한 목표이기도 합니다. 저자는 인문고전의 한 글귀를 다시 꼼꼼하게 읽어보면서 이전보다 더 인문고전의 주인공들의 삶을 좋아하게 되었습니다.

2장. '프로젝트 X – 인문고전과 썸타기' 제목의 의미와 연구의 목적

'인문고전과 썸타기'라는 제목에서 '썸타다'는 '관심 가는 이성과 잘되어가다'라는 신조어입니다. 사실, 인문고전이라는 대상하고는 참 안 어울리는 단어이지요? 그러나 1부의 7장에서 이야기 나누었던 것처럼, 인문고전은 책의 형태로만, 실체로만 존재하기보다는 '인문고전의 속성'으로 존재한다고 생각했습니다. 예를 들면 할머니의 유언, 어머니의 격려, 아버지의 고백에서도 인문고전의 속성이 담겨져 있다는 것입니다. 우리가 인문고전을 책이라는 형태에만 가두어 둘 때에 주위에 다양하게 존재하는 인문고전의 목소리를 듣지 못하는 아쉬운 일이 발생하기 때문입니다. 이렇게 보면 인문고전은 인격체로 존재한다고 볼 수도 있습니다. 그런 대상과 함께 대화를 나누며 서로를 알아가고 점점 더 이해해가고, 심지어는 닮아가는 과정은 사랑이라고 표현할 수 있을 것입니다. 이 책은 인문고전 중에 명심보감을 만난 1년의 과정을 설명하고 있습니다. 그렇기 때문에 연애의 초기를 '썸타다'라는 형식으로 표현해본 것입니다.

이 연구의 목적은 인문고전 중에 '명심보감을 이전과는 다르게 만나보자'라는 데에 있습니다. 그 문제제기는 1부 1장에서 이야기 했습니다. 저희는 학생, 학부모, 교사의 입장에서 명심보감과 멀어진 이유는 무엇일까 생각하게 되었습니다. 별로 만나는 명심보감, 나는 읽을 시간이 없지만 자녀에게는 읽으라고 하는 명심보감, 별로 주는 명심보감에서 우리는 명심보감의 진짜 의미는 헤아릴 수 있었는지를 성찰하게 된 것입니다. 그래서 인문고전을 '읽는 - 사랑'하는 방법을 구안해 보고, 적용해 보고자 했습니다.

그런데 인문고전을 읽기만 하면 되지, 무슨 특별한 방법이 필요한지에 대한 반문이 있을 수 있습니다. 사실, 가까이 두고 읽는 것 자체가 큰 경험이 될 수 있습니다. 그러나 독서의 방법에 대한 다음의 구절은 저희에게 큰 동기부여가 되었습니다.

글을 지으려는 사람은 먼저 독서의 방법을 알아야 한다. 예를 들어 우물을 파는 사람은 먼저 석 자의 흙을 파서 축축한 기운을 만나게 되면, 또 파서 여섯 자 깊이에 이르러 그 탁한 물을 퍼낸다. 또 파서 아홉 자의 샘물에 이르러서야 달고 맑은 물을 길어낸다. 마침내 물을 끌어올려 천천히 음미해 보면, 그 자연의 맛이 그저 물이라 하는 것 이상의 그 무엇이 있음을 깨닫게 된다. 또다시 배불리 마셔 그 정기가 오장육부와 피부에 젖어듦을 느낀다. 그런 뒤에 이를 펴서 글로 짓는다. ....(중략).... 고작 석 자 아래의 젖은 흙을 가져다가 부엌 아궁이의 부서진 모서리나 바르면서 우물을 판 보람으로 여기는 일은 절대로 없어야 할 것이다.

– 위백규의 글, 정민(2006)에서 재인용

우리가 그동안 인문고전을 읽은 것이 정말 읽은 것인지, 그래서 그 깊은 가치를 제대로 체험한 것인지 성찰하게 하는 글귀입니다. 명심보감을 훈육의 수단으로 단순 다시쓰기를 할 때, 학생들은 그 깊이는 깨달을 수나 있었을까요? 또한 단지 곁에 두고 읽는 것만으로는 석 자 아래의 젖은 흙이 주는 유용함에 만족하는 것은 아닐까요? 그래서 이 '프로젝트 X - 인문고전과 썸타기'는 인문고전을 읽는 독자가 더 깊이 인문고전의 면모를 만나기 위한 방법을 구안하고자 했던 것입니다.

3장. 계획 대비 연구 추진의 실제 일정

가. 연구 추진 계획

이 연구는 2년의 준비과정이 있었습니다. 2013년~2015년의 2년 간 교원대 교사 파견 기간 동안 두 저자들이 함께 인문고전에 대한 토론을 지속적으로 해온 것입니다. 2016년 초에 좋은 교사 프로젝트 X를 알게 되고, 두 저자들은 2년간 준비한 과정의 결과를 계획서로 제출하게 되었습니다. 처음에 계획서를 제출한 내용은 앞으로 10년간의 인문고전 연구를 위한 밑바탕이 되기 때문에 다소 연구의 범위가 너무 넓은 단점이 있었습니다.

〈표 2-2〉 계획표

연구내용 \ 기간	2016. 3	2016. 4	2016. 6	2016. 7	2016. 8	2016. 9	2016. 10	2016. 11	2016. 12
① 연구 계획 수립	■								
② 계획 발표 및 수정 보완		■							
③ 문헌 연구		■	■	■	■	■	■	■	■
④ 문헌 연구 결과 정리					■	■	■	■	■
⑤ 설문조사						사전			사후
⑥ 인문고전교육 방법 구안				■					
⑦ 방법 적용						■	■	■	
⑧ 연구 결과 발표									■
⑨ 연구 내용 검토 및 수정									■
⑩ 연구결과제출									

나. 연구 추진 일정

이 연구는 서울과 순천에서 동시에 이루어졌습니다. 두 연구자는 공동으로 역할을 분배하여, 이론적인 부분을 중심적으로 담당하는 파트와 실제 적용을 중심적으로 담당하는 파트를 구분한 것입니다. 감사하게도 연구자들은 프로젝트 X의 연구 과정과 결과를 더 풍성하게 할 수 있는 다른 기회에도 초청되었습니다. 인문고전 전문가께 강의를 듣게 되었으며, 학회에서 인문고전에 대해서 발표와 토론을 맡게 되었고, 영재교육원에서 강의를 하게 되었으며, 교사 동아리를 운영하게 되었던 것입니다. 물론, 연구의 추진 일정이 처음 저희의 계획대로만 진행되지는 않았습니다. 하지만, 1년을 돌아보면 그것이 더 좋은 결과를 가져온 것이라는 생각을 하게 됩니다. 저희들은 그래서 늘 "모든 것이 협력해서 선을 이룬다."라는 성경 말씀을 직접적으로 느끼곤 했습니다.

〈표 2-3〉 추진 일정 개요

항목	시간	장소	세부내용
0. 문헌연구 및 정기토론	2014년 3월- 2015년 2월	교원대학교	인문고전 관련 독서 토론 실시 (문학, 철학, 역사, 교육학)
0. 학회참석	3월 19일	연세대학교	대학교 교양교육(인문고전) 세미나 참석
가. 계획발표	4월 1일	사교육 걱정없는세상	계획발표 실시
나. 계획 수정 보완	4월 1일-	고려대	계획발표 결과 바탕으로 수정
다. 예비 설문조사	4월 4일-8일	대신고등학교	고등학생 315명
라. 대학생 독서 예비 실태조사	4월 11일	고려대학교 도서관	도서 활용 통계조사
마. 워크숍 I	4월 15일-16일	하이_서울유스 호스텔	인문고전 개념과 교육방법에 대한 토론
바. 참여연구 I	4월 16일-	고려대, 신흥초	인문고전 교사 "성찰 일기" 쓰기
사. 문헌연구 실시	4월 11일- 진행 중	고려대학교, 순천시립도서관	인문고전 개념과 독법에 대한 문헌연구
아. 예비 실행 연구	5월 20일, 27일	광양영재교육원	인문영역 독서토론 수업 (각 4시간씩)
자. 참여연구 II	4월 초-	순천신흥초	교사 인문고전 독서 동아리

항목	시간	장소	세부내용
차. 전문가 인터뷰	5월 30일- 진행 중	이메일, 현장방문	6월 3일 고려대 고전문학 전공 교수 6월 10일 강원대 국어교육 전공 교수
카. 중간보고 I	6월 18일	사교육 걱정없는세상	중간보고 실시
타. 워크숍 II	8월 22일-23일	순천신흥초	워크숍II을 통해 교육방법 구안
파. 실행연구 I (방법적용)	9월 12일- 12월 31일	순천신흥초 2개 반	인문고전 교육방법 적용

4장. 계획 발표와 피드백을 반영한 수정 보완

　계획 발표는 4월 1일 '사교육걱정없는세상'에서 진행되었습니다. 계획 발표의 자리는 멘토와의 만남뿐만 아니라, 각 지역별 각 분야별로 연구를 진행하시는 선생님들과도 만남이 이루어진 자리였습니다. 프로젝트 X의 "학문을 자랑하는 자리가 아니라, 교육 현장의 눈물을 닦아 준다"라는 목적이 참으로 깊게 와 닿는 시간이었습니다. 어찌 보면 '교사 연구자'들의 진면모를 만날 수 있는 시간이 되겠다는 기대감도 들었습니다.

　연구의 발표 후에 연구의 범위가 너무 넓게 설정되어 있다는 것을 반성하게 되었습니다. 그 이유는 저희들이 계획한 10년 연구의 첫 걸음이 프로젝트 X였기 때문입니다. 그러한 이유로 다른 연구자들과도 긴밀한 연계가 이루어지면 좋겠다는 생각을 해 보았습니다. 각자가 일회성으로 이번 1년만 이 분야의 연구를 하고 말 것이 아니기 때문입니다.

　계획의 수정과 보완은 크게 주요 두 가지 사항에서 변화가 있었습니다. 첫째, '전문가 인터뷰'를 연구에 포함시키도록 하였습니다.

둘째, 지속가능성과 실천가능성을 확보하도록 지향점을 추가하였습니다. 그 내용은 다음과 같습니다.

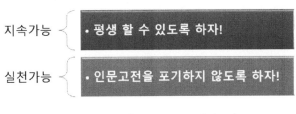

[그림 2-1] 본 연구의 지향점

지속가능성과 실천가능성은 다음과 같은 예비 인터뷰 내용이 큰 영향을 미쳤습니다. 그는 국어교육 중 특히 독서교육을 전공하는 교사 연구자의 답변이었습니다. 참 안타까운 마음이 들었습니다.

사실, 저도 독서를 많이 하는 편인데도 인문고전을 너무 어렵게만 배워왔어요. 인문고전 자체가 어려운 것인지, 제가 잘못된 방법으로 읽어서 그런지는 잘 모르겠지만, 저는 인포자(인문고전포기자)에요. 중요하다는 것은 알겠는데 굳이 읽어야 하는지 잘 모르겠어요.

– 2016년 4월 1일 김OO

비슷한 무렵 필자는 베트남을 식민 지배하던 프랑스의 통치 정책에 대한 책을 읽게 되었습니다.4) 프랑스 학생들에게는 인문고전을

---

4) 김진수(2016) 프랑스의 언어정책, 부산외국어대학교지중해지역원.

읽게 하고, 베트남 학생들에게는 읽지 못하게 했다는 내용이 충격적으로 다가왔습니다. 함부로 추론하자면, 저들에게 인문고전은 세계와 남을 지배하기 위한 수단이었던 것입니다. 그런 것이라면 가난하고 힘이 없는 사람일수록 더욱더 인문고전은 포기해서는 안 되고, 제대로 독서하며 평생 함께 해야 할 것이라는 것을 다짐한 순간이었습니다.

5장. 예비 설문조사와 실태 조사 실시

문체부에서는 우리 국민 도서 실태를 조사하여 발표하고 있습니다. 그 2015년 보도 자료의 타이틀은 다음과 같습니다.

"2015년 우리 국민의 연평균 독서율 성인 65.3%, 학생 94.9%"

'독서율'이란 1년간 일반 도서를 1권 이상 읽은 사람의 비율을 지칭합니다. 이 수치를 다른 나라와 비교해서 현재 우리나라의 수준을 진단하는 것은 큰 의미가 없습니다. 수치는 1권이 질적으로 어떤 책이었는지, 1권을 어떤 형태로 읽었는지에 대한 답변을 할 수 없기 때문입니다.

그러나 1권도 미처 못 읽은 사람이 성인 약 35%, 학생 약 5%라는 수치는 정말 어마어마한 숫자입니다. 통계청 자료에 의하면 2015년 기준으로 전국 학생 수는 588만 2790명입니다. 그럼 비율적으로 계산하면 약 29만 4139명에 해당하는 학생들이 1년에 한 권도 읽지 않는다는 계산이 나옵니다. 그 책을 읽지 않은 이유로 문체부의 보도 자료는 다음과 같이 보고하고 있습니다.

한편, 이번 조사 결과 성인의 64.9%, 학생의 51.9%는 '스스로의 독서량이 부족하다'고 느끼고 있는 것으로 나타났다. 이처럼 평소에 '책 읽기를 충분히 하지 못하는 이유'는 성인과 학생 모두 '일 또는 공부 때문에 시간이 없어서(성인 34.6%, 학생 31.8%)', '책 읽기가 싫고 습관이 들지 않아서(성인 23.2%, 학생 24.1%)' 등으로 나타났다.

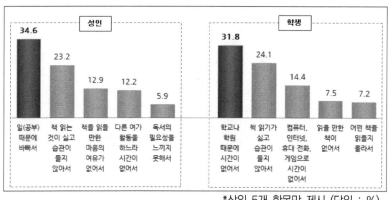

*상위 5개 항목만 제시 (단위 : %)

[그림 2-2] 문체부 보도자료(2016년 1월 22일자)

이는 책을 읽는 것이 일과 공부에 도움이 된다는 사고의 전환이 필요하며, 책 읽기를 지속적으로 할 수 있는 긍정적인 경험과 습관의 마련이 필요하다는 것을 도출할 수 있는 장면입니다. 특히 학생들의 경우 [그림 2-2]에서 확인할 수 있는 것처럼, '읽을 만한 책이 없다는 것과 어떤 책을 읽을지 몰라서'라는 부분은 특이한 부분이라고 할 수 있습니다. 급한 마음에 '인문고전을 읽으면 되어요.'라고 답을 해줄 수 있지만, 학생들이 그렇게 생각한 이유가 궁금해지기도 하는 부분입니다.

그래서 필자는 국민공통교육과정의 마지막 단계에 있는 고등학생과 실제 평생 독자로서 역할을 하게 되는 대학생들을 대상으로 간단한 설문과 실태조사를 실시하였습니다.

고등학교 1학년 학생을 대상으로 인문고전 중에 국내 대표 작가 "김유정"을 중심으로 설문을 실시하였습니다. 김유정 소설은 수능시험에도 여러 번 출제된 작품이기 때문에, 인문고전에서 상대적으로 인지도가 높을 것이라고 판단했기 때문입니다. 4월 4-8일 동안 대전의 한 고등학교 학생 315명을 대상으로 설문을 한 결과 크게 다음의 4가지 사항이 나타났습니다.

첫째, 알고만 있지 읽지 못한 것이 대부분이었습니다. 심지어는 하나도 응답하지 못한 학생이 70명(22%)이나 나타났습니다. 둘째, 읽었다고 해도 학교 시험 문제로 구조화된 상태에서 읽는 경우가 16%에 해당했습니다. 셋째, 김유정 소설을 부모님이 사주신 문학전집을 통해서 읽은 학생이 20명(6%)이나 해당했으며, 대부분의 학생들은(약 90%) 스스로 찾아 읽기 보다는 교과서에 나온 지문을 통해서 읽었습니다. 넷째, 김유정 작가에 대한 맥락적인 지식이 적어서 작품에 대한 이해가 편향적이었습니다. 이러한 이유로 우리 학생들은 인문고전이 자신의 삶에 어떠한 영향을 주었는지, 줄 수 있는지에 대한 구체적인 답변을 하지 못하였습니다. 그저, '재미있었다.'로 답변을 하는 학생들이 대부분이었습니다.

이어서, 대학생 독서 실태조사를 실시하였습니다. 고등학교의 연장선에서 인문고전인 김유정 소설을 대학생들이 얼마나 읽었는지를 확인하려고 했던 것입니다. 도서관의 협조를 받아 2005년 이후 출간된 김유정 단편선(총 4권)을 대학생들이 얼마나 읽었는지 통계조사를 실시했습니다(4월 11일). 서울의 한 사립대학의 약 3만 명의 학생 중에 2015년 1년간 김유정 작품을 11명이 읽었다는 결과와 2010년 출간된 단편집의 경우는 5년간 18명이 읽었다는 결과가 도출되었습니다. 국문과와 국어교육과에서 일부 발표를 위해서 읽은 것을 제외하고서는 학생이 스스로 찾아서 인문고전을 향유하는 것이 극히 드물었다는 것을 방증하는 결과라고 할 수 있습니다.

이처럼 인문고전 중에 김유정 소설을 하나를 여러 각도에서 들여다 본 결과, 우리의 인문고전을 향유하는 실태가 어떠한지를 예상해볼 수 있었습니다. 특히, 중학생을 대상으로 편찬된 '국어교과서 수록 작품집'들에는 다음과 같은 소개 문구가 담겨져 있었습니다. **"지금 읽지 않으면 수능까지도 읽을 시간이 없는 중요한 문학 작품들, 학교 선생님이 직접 고르고 추천하는 교과서 소설들, 중학교 전체 교과서 작품을 모두 다루고 있는 이 책."** 이에 따른 학부모들의 댓글에는 **"소장할 가치가 있음, 수록작품을 모두 다루고 있어서 안심, 내신 대비에 적절"**이라는 반응을 보이고 있었습니다. 경쟁과 강압적인 분위기에서 시험을 준비하기 위해서 만난 인문고전에서 학생들은 얼마나 깊이 인문고전과 대화하고 깨달음을 얻을 수 있었을까요?

6장. 자체 워크숍 실시

　자체 워크숍은 4월 15-16일에 하이 서울 유스호스텔에서 인문고전의 개념과 교육방법에 대한 토론으로 진행하였습니다. 이때에는 선행연구로서 국내의 인문고전 교육의 대표적 3권을 초점화해서 함께 비교 분석을 하였습니다. 그 분석의 대상이 된 책들은 다음과 같습니다. 1박 2일간 워크숍을 효과적으로 진행하기 위해서, 미리 3권의 책을 꼼꼼하게 읽고 오는 사전 과제가 있었습니다. 이 책들의 선정기준은 판매량과 리뷰내용 그리고 내용의 충실성과 논리적 정교성 등이었습니다.

이지성(2010), 리딩으로 리드하라, 문학동네	송재환(2015), 초등고전 읽기혁명, 글담출판사	김병완(2014), 기적의 고전 독서법, 북씽크

[그림 2-3] 자체 워크숍 분석 텍스트

1박 2일간의 심층 토론의 결과, 세 가지 비판점이 도출되었습니다. **첫째, 인문고전에 대한 정의가 합의 없이 각기 다르게 이루어지고 있었습니다.** 예를 들면 인문고전의 시기적 특성을 살펴보면, '30년 정도 된 것이 인문고전이다 vs 300년 정도 된 것이 인문고전이다'라는 식의 형태가 나타났습니다. 이에 따라, 추천된 인문고전 목록이 일관되지 않았습니다. 문학역사철학을 확장해서 최근에 출간된 다양한 책도 포함되다 보니, 그러한 현상이 발생되었던 것입니다. **둘째, 인문고전의 읽기 방법에 대한 논쟁점이 발생하였습니다.** 대표적인 장면은 '어릴 때부터 원문으로 읽혀야 한다 vs 원문은 최종단계이다'라는 식의 논쟁이었습니다. **셋째, 인문고전을 읽어야 하는 중핵적인 이유에 대해서 충분히 독자를 설득하지 못하고 있었습니다.** 대표적인 장면은 '세상을 지배하는 0.1퍼센트의 인문고전 독서법 vs 고전만 읽으면 안 됨'의 형태로 나타났습니다. 이러한 비판점들은 다음의 그림처럼 구조화할 수가 있습니다.

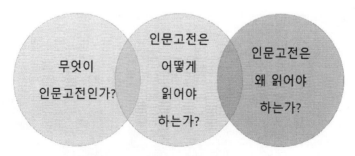

[그림 2-4] '기존 논의'의 비판점의 요소

기존 논의는 이 세 가지 차원에서 충분히 합의를 보지 못하고 있던 것이었습니다. 그래서 저자들은 인문고전의 정의와, 읽기 방법, 필요성에 대해서 나름의 합의를 통해서 잠정적인 가설을 세웠습니다.

첫 번째, 인문고전의 정의입니다. 간장과 요구르트를 살펴보면, 둘 다 숙성을 한 식품이지만 요구르트는 오래두면 상하고, 간장은 오래둘수록 묵은 맛이 살아납니다. 똑같이 좋은 양서라고 하지만 시의 적절하게 시대에 맞게 읽어야 하는 책이 있는 반면에, 오래두고 천천히 묵히면서 읽어야 하는 책이 있습니다. 인문고전은 바로 그 후자에 해당하는 것입니다. 그래서 시기적으로 30년, 300년이 읽어 온 중요한 것이 아니라, 현재 우리가 읽고 있는 책에서도 간장과 같은 속성을 가지는 것은 인문고전이라고 보아야 할 것입니다. 이는 인문고전의 시기범위를 상대적인 범위로 확장해서 재해석한 것이라고 할 수 있습니다.

또한 인문고전의 공간적 범위도 인문고전의 정의를 규정하는 특질입니다. 우리는 동양과 서양의 인문고전이라는 도식을 이미 가지고 있습니다. 하지만, 이러한 규정은 좀 더 다양화될 필요가 있습니다. 이는 다음과 같이 도식화할 수 있습니다. 즉, 현재 도서관의 서지사항들을 분석해 보면, 인문고전은 우리나라의 인문고전, 동양의 인문고전, 서양의 인문고전, 동서양의 공통 인문고전이라는 범위에 갇혀 있습니다. 그러나 인문고전의 독서실천은 나로부터 시작되는 것이며, 그것이 점차로 확대되어 '우리 가족'의 인문고전, '우리 지역'의 인문고전의 형태로 발전할 수 있는 것입니다. 경기도 남양주에 사는 저자를 예로 들면, '나의 인문고전(한용운의 시), 우리 가족의 인문고전(시편 131편), 우리 지역의 인문고전(다산 정약용의 저서)'로 다각화할 수 있다는 것입니다. 이런 공간적 범위는 생태학적 요소의 중심에 '나'를 두는, 브롬펜브루너의 생태학적 발달이론과도 연관성이 있습니다.

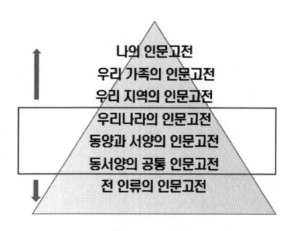

[그림 2-5] 인문고전의 공간적 다각화

두 번째, 인문고전의 읽기 방법에 대한 것입니다. 이는 크게 세 가지로 정리할 수 있었습니다. 첫째, 인문고전과 평생 함께한다는 관점에서 볼 때, 초등→중등→대학→평생교육의 차원에서 시계열적 독서의 방법을 구안할 필요가 있습니다. [그림 2-5]는 인문고전의 시계열을 뒷받침할 수 있는 이론이 될 수 있습니다. 둘째, 인문고전의 '독서맵'을 구성하고 관심분야별 주제별 독서방법을 구안할 필요가 있습니다. 모두가 똑같은 추천도서와 똑같은 순서로 읽는 것이 아니라, 자신의 목적에 따라서 관심에 따라서 독서의 차례나 종류가 달라질 수 있다는 것입니다. 셋째, 과거와 현재의 독서이론에 적절한 조화가 필요합니다. 현재의 독서이론이 인문고전에 적절하지 않다는 편견과 과거의 독서이론은 현재의 독서에 적절하지 않다는 편견을 내려놓아야 한다는 것이며, 적절한 조화가 필요하다는 것입니다. 과거와 현재를 관통하는 독서방법을 예로 들자면 꼼꼼하게 읽기(이순영, 2015)를 제안할 수 있습니다.

세 번째, 인문고전의 필요성에 대한 부분입니다. 이는 인문고전의 특성상, 단기간의 실증적인 연구 결과로 인문고전의 필요성을 논할 수 없다는 한계점이 있습니다. 따라서 10년 이상의 실증적인 연구를 통해서 그 효과를 구체적으로 증명할 필요가 있다고 생각합니다.

7장. 참여연구 I

　참여연구는 필자들이 좀 더 가까이에서 인문고전을 직접 이해하기 위한 목적으로 수행되었습니다. **저자들이 읽고 체험하지 않으면서, 인문고전을 권할 수 없기 때문입니다.** 이를 위해서 4월 16일부터 지속적으로 인문고전을 읽고서 "성찰일기"를 작성하였습니다. 사실, "인문고전을 10권을 읽지 않는 사람과는 대화를 하지 말라"는 잘못된 격언을 비판하는 데에서 시작하였습니다. 또한 "가장 널리 알려져 있으면서, 가장 읽지 않는 책"이라고 비판하는 인문고전 애서가의 격언을 귀담아 듣고자 했습니다. 다음은 그 성찰일기 중의 한 장면입니다.

　이런 글쓰기 형태는 학생-교사-학부모 모두에게 부담이 될 수는 있습니다. 글쓰기 자체를 싫어할 수도 있기 때문입니다. 그러나 이렇게 작성한 내용을 학생과 학부모와 교사가 함께 공유하고 서로 토론할 수 있게 된다면, '인문고전을 서로 간에 좀 더 공감하며 소통을 할 수 있지 않을까?' 하는 기대감이 생기게 되었습니다.

교단일기 〈다시 곽타타의 지혜를 바라봅니다〉 - 선종수

저는 몇 해 전부터 인문고전을 접하면서 마음속으로 이 좋은 인문 고전을 초등학교 학생들이 꼭 읽었으면 좋겠다는 작은 소망과 비전을 품게 되었습니다. 더 나아가 초등학생분만이 아니라 집집마다 인문고전이 서재에 꽂혀 있어서 인문고전을 가지고 가족들이 서로 토론하고 생각을 나누고 지혜를 배워 나가는 푸른 꿈도 품고 있습니다. 유대인들이 탈무드를 가지고 가족에서부터 시작해서 친구와 선생님들이 인문고전을 가지고 언제 어디서든 토론하는 하브루타의 광경들이 우리나라에서도 재현이 되었으면 하는 소망도 가지고 있습니다.

오늘은 첫 번째 내용으로 '다시 곽타타의 지혜를 바라봅니다.'라는 주제로 이야기를 나누어볼까 합니다.

얼마 전 6학년 수업에 잠시 들어간 일이 있었습니다. 학생들에게 미래에 무엇이 되고 싶은지 물어 보았습니다. 공무원, 검사, 운동선수, 과학자, 연예인이 있었습니다. 그중에서도 단연 1위는 공무원이었습니다. 요즘 흙수저, 금수저 등 수저계급론 등의 이야기를 많이 하는데 학생들도 어느 정도 공무원이 되어야지 미래에 안정적으로 살 수 있을 것이라는 생각을 하고 있었습니다. 예전에만 해도 다양한 직업군이 등장하고 학생들의 꿈을 무엇으로 재단을 하기 어려웠습니다. 요즘은 학생들 스스로 자신들의 꿈을 극히 한정된 몇 개의 직업군으로 단정 지어 생각하는 것을 보니 참 안타까운 생각이 들었습니다. 학교에서는 학생들의 적성과 흥미를 고려한 진로지도 교육에 힘을 쏟고 다양한 정책과 실천과제를 제시해 주지만 학생들이 현실 속에서 느끼는 진로의 길은 좁고도 험합니다. 저는 학교에서 이루어지는 진로교육을 바라보면서 인문고전에서 다시 지혜를 찾고자 합니다. 제가 오늘 소개해 드릴 이야기는 『고문진보』후집에 실려 있는 이야기로 우리가 한번 되새겨 볼 필요가 있을 것 같습니다.

『고문진보』는 송나라 '황견'이라는 사람이 옛글 중에 참된 보물들만을 모아 놓은 책입니다. 이 책은 우리 선조들이 시문을 짓는 기본적인 교과서로 사용을 했기 때문에 동양적 사고방식과 정신문화에 지대한 영향을 끼친 책입니다. 책 소개를 짤막하게 마치고 본론으로 들어가겠습니다.

곽타타는 요즘으로 보자면 나무전문가입니다. 나무에 능통한 사람으로 나무에 관한 한 당대의 최고실력자였습니다. 죽어가던 나무들도 곽타타의 손길만 닿으면 다시 살아났습니다. 사람들이 곽타타의 비법을 몰래 흉내 내어 보았지만 모두 죽고 말았습니다. 그래서 사람들이 곽타타에게 물어보았습니다. 나무를 살리는 특별한 비법이 있습니까? 곽타타에게 특별한 비법이 있을 것이라고 기대했던 사람들에게 곽타타의 대답은 의외로 간단명료했습니다. 곽타타는 나무를 오래 살게하고 잘 자라게 하는 것이 자신의 목적이 아니라 나무가 지닌 본성을 거스르지 않고 그 본성을 다하도록 돌보아 주는 것이라는 신념을 가지고 있었습니다. 나무의 본성은 뿌리는 바르게 뻗으려 하고, 북돋움은 고르길 바라고, 흙은 옛것이고 싶어 하고 뿌리 사이를 꼭꼭 다져 주기를 바란다는 것입니다. 그런 다음에는 건드리지 않고 걱정을 하지 않고 더 이상 돌아보지 않고 내버려두는 것입니다. 처음 심을 때는 자식과 같이 생각하나 심은 다음에는 아주 내버린 것처럼 하면 나무의 본성이 온전히 보존되어 그 본성에 따라 잘 자란다는 것입니다. 곽타타는 나무의 성장을 해치지 않는다는 겸손한 말로 답을 마무리 합니다.... 〈후략〉 ....

8장. 문헌연구

　　문헌 연구는 4월 11일부터 지속적으로 11월까지 실시되었습니다. '인문고전교육'인데, 사람은 없고, '인문고전'만 있는 기존의 문제점을 개선하고자 했고, 이를 위해서 다양한 층위에서 문헌을 체계적으로 접근하고자 했습니다. 문헌연구의 방법은 크게 두 가지이었습니다. 첫째, 외연에서 핵심으로 가는 방법을 취하는 것입니다. 예를 들면, "독서⇒독서교육⇒인문고전 독서교육"의 형태로 살펴보았습니다. 둘째, 다양한 문헌에서 교집합을 확인하는 방법을 취하였습니다. 예를 들면, '현대 인문고전 전문가들의 개념과 방법을 과거 인문고전 독서가들과 비교하기'의 형태로 살펴보았습니다. 그 문헌의 목록을 제시하면 다음과 같습니다.

가. 단행권

　　강신주 외(2013), (대한민국 대표 인문학자들이 들려주는) 인문학 명강 : 동양
　　　　고전, 21세기 북스.

강유원(2010), 인문, 라티오강의 : 오래된 지식 새로운 지혜.

고은 외(1994), 책 어떻게 읽을 것인가, 민음사.

김삼웅(2012), 독서독본, 현암사.

김열규(2008), 독서, 영신사.

김월회(2007), 살아 움직이는 동양 고전들, 안티쿠스.

김병완(2013), 기적의 인문학 독서법, 북씽크.

김병완(2014), 기적의 고전 독서법, 북씽크.

김형진(2014), 엄마, 인문고전 읽어주세요 : 부모와 함께하는 독서교육을 위한
19가지 가이드, 토라.

나루케 마코토(2009) 책, 열권을 동시에 읽어라, 뜨인돌.

다이애나 홍(2008), 책읽기의 즐거움, 김영사.

다이애나 홍(2010) 책속의 향기가 운명을 바꾼다. 모아북스.

다이애나 홍(2009), 독서향기, 모아북스.

마쓰오카 세이고(2010), 창조적 책읽기, 다독술이 답이다. 추수밭.

** 모티머 J. 애들러(2000), 생각을 넓혀주는 독서법, 멘토.

민도식(2010), 실천독서법, 북포스.

박성후(2010), 포커스 씽킹, 경향미디어.

박홍순(2014), 어크로스 고전읽기 : 문학+인문사회를 가로지르는 고전 겹쳐읽
기 프로젝트, 서해문집.

사이토 다카시(2009), 독서력, 웅진 지식하우스.

사이토 에이지(2008), 최강 속독법, 폴라북스.

서강대학교. 교양인성교육위원회(2008), 아무도 읽지 않는 책. 2 : 대학생이
꼭 읽어야 할 세계 고전 130선, 서강대학교 출판부.

서상훈(2008), 나를 천재로 만드는 독서법, 지상사.

선정규(2013), 매일 읽는 인문학 : 동양의 고전으로 오늘, 우리를 읽는다, 천

지인.

신정근(2012), 동양고전이 뭐길래?, 동아시아.

소노 요시히로(2010), 1년에 500권 마법의 책읽기, 물병자리.

수전 와이즈 바우어(2010), 독서의 즐거움, 민음사.

신영복(2004), 나의 동양고전 독법 '강의', 돌베개.

안한상(2009), 독서가 국가 경쟁력이다, 북코리아.

이권우 외(2009), 호모 부커스 2.0, 그린비.

이대범 (2011), 인문학 리더십 코칭, 강원대학교 출판부.

이지성 (2010), 리딩으로 리드하라 : 세상을 지배하는 0.1퍼센트의 인문고전 독서법, 문학동네.

이지성(2012), 고전혁명 : 리딩멘토 이지성과 인문학자 황광우의 생각경영 프로젝트, 생각정원.

임종업(2009), 한국의 책쟁이들, 청림출판.

장영기(2007), 동양 고전의 세계, 서현사.

정대현(2000), 표현 인문학, 생각의 나무.

정민(2013), 오직 독서뿐, 김영사.

정민(2013), 정민 선생님이 들려주는 고전 독서법, 보림출판사.

정문택 최복현(2009), 도서관에서 찾은 책벌레들, 휴먼드림.

조윤제(2012), 인문으로 통찰하고 감성으로 통합하라, 작은씨앗.

** 천쓰이(2013), 동양 고전과 역사, 비판적 독법, 글항아리.

** 채석용(2011), 나를 성장시키는 독서법, 소울메이트.

최인호(2009), 책, 함부로 읽지 마라!, 밀리언스마일북스.

최진기(2013), 동양고전의 바다에 빠져라, 스마트 북스.

크리스티안 그뤼닝(2010), 책먹는 독서, 웅진씽크빅.

황광우(2012), 철학하라 : 황광우와 함께 읽는 동서양 인문고전 40, 생각정원

小川仁志(2013), 철학의 교양을 읽는다_인문고전 읽기의 첫걸음, 북로드.

나. 학술논문

권양현(2014), 영상매체를 활용한 고전 독서법 방안 연구, 우리문학회.

김은엽(2013), 중학생 고전문학 읽기 북클럽 운영의 의의와 과제, 한국독서교육학회.

김종철(2010), 「고등학교 국어 '심화 선택' 체제 개편 방향」, 『국어교육』 131집, 한국어교육학회. 109~111쪽.

손승남(2013), '위대한 저서(The Great Books)' 프로그램을 토대로 본 우리나라 대학 인문고전교육의 방향 탐색, 한국교양교육학회.

송지애(2014), 인문고전 읽어주기 활동이 독서습관 형성에 미치는 영향에 관한 연구 : 초등학생 6학년을 대상으로, 대진대학교 석사학위.

이관규(2011), 「2011 국어과 교육과정의 실제와 과제」, 『국어교과교육연구』 19호, 국어교과교육학회, 23쪽.

이동철(1998), 교양교육의 활성화와 〈고전읽기〉 프로그램, 용인대학교 학생생활연구소.

이병찬(2016), 「고등학교 "고전" 교과의 현황과 문제점」, 『한민족문화연구』 53, 한민족문화학회, 185쪽.

이아영(2013), 인문고전 독서교육이 초등학생의 독서력 향상에 미치는 영향에 관한 연구, 경기대학교 석사학위.

이아영(2013), 인문고전 독서교육이 초등학생의 독서력 향상에 미치는 영향에 관한 연구, 한국독서교육학회.

이아영(2014), 인문고전 독서교육에 대한 초등학생의 반응에 관한 연구, 한국

독서교육학회.

이우정(2013), 대학의 고전읽기 교육에 관한 모색, 國際言語文學會.

이재형(2013), 「2009 개정 교육과정에 따른 '고전' 과목에 대한 비판적 검토」, 『작문연구』 17, 한국작문학회, 337-358쪽.

이창희(2012), 「고전 교과의 도입 및 운영과 그 과제」, 『한국어문교육』 12, 고려대학교 한국어문교육연구소, 4쪽.

이하준(2014), 인성함양을 위한 고전교육의 방향 탐색, 한국교양교육학회.

이황직(2011), 고전읽기를 통한 교양교육의 혁신, 한국독서학회.

정인모(2007), 교양교육과 고전 읽기, 한국교양교육학회.

정인모(2012), 고전읽기를 활용한 글쓰기 교육, 한국교양교육학회.

정인모(2013), 고전읽기를 활용한 수업모형, 한국교양교육학회.

정재찬(2012), 「2009 개정 교육과정에 따른 국어과 교육과정'의 적용을 위한 고등학교 선택 과목 교과서 개발 방향」, 『국어교육』 137집, 한국어교육학회, 85쪽.

조은정(2013), 고전 읽기 교육의 활성화를 위한 사회적 교육 프로그램 구안, 신라대학교 석사학위.

최윤정(2015), 교육 : 『논어』, 『맹자』를 활용한 대학 인문고전 교양교육 사례연구, 영산대학교 동양문화연구원.

함정현(2014), 대학 교양교육에서 고전 활용에 대한 연구, 韓瑞大學校 附設 東洋古典研究所.

허남영(2014), 〈고전읽기와 토론〉강좌에서의 읽기모형 개선 방안, 한국교양교육학회.

허남영(2014), 고전 읽기 교육의 실제, 한국교양교육학회.

다. 연구보고서

김현정 외(2013), 「고전 과목의 정체성 탐색과 효과적 운영 모형 개발(연구보고)」, 한국교육과정평가원.

선행연구 분석을 통해서, 특징적으로는 크게 다섯 가지를 도출할 수 있었습니다. 첫째, 밑줄 친 책은 인문고전 독법에 대해서 직접적으로 다루고 있고, **를 표시한 문헌은 문사철의 독법까지 상세화하고 있었고, 나머지는 간접적으로 다루고 있었습니다(김상웅, 2012; 김월회, 2007; 김병완, 2014; 신영복, 2004; 이지성, 2010; 정민, 2013; 채석용, 2011). 이러한 논의는 차후에 문학과 역사와 철학마다의 독서 방법과 인문고전의 특징을 연계할 수 있는 기본 자료가 될 수 있다는 점에서 유의미하다고 생각했습니다. **이에 따라 이 연구에서는 문사철의 공통적으로 적용할 수 있는 독법을 구안하는 것으로 논의를 한정하였습니다.**

둘째, 학교 급에서 고전을 활용하기 위해서, 영상매체, 책읽어주기, 북클럽, 글쓰기, 토론 등을 적극적으로 병행하고 있다는 것입니다(권양현, 2014; 김은엽, 2013; 송지애, 2014; 정인모, 2012; 허남영, 2014). 이러한 방법은 적극적으로 인문고전의 독서활동에 활용할 수 있는 것으로 판단할 수 있습니다. **이에 따라 이 연구에서는 글쓰기와 토론을 인문고전 독서에 적용하였습니다.**

셋째, 인문고전의 효과에 대해서 '독서 습관 형성, 독서력 향상, 인성함양, 교양함양' 등으로 실증적인 연구가 진행되어 왔다는 것입니다(송지애, 2014; 이아영, 2013; 이하준, 2014; 이병찬, 2016). 특히, 이창희(2012)는 현대 사회의 정신적 황폐화가 심해지는 상황에서 인간성을 회복하고 상호 공존의 방법을 찾기 위해서는 먼저 인간을 이해하고 타자를 이해하고 나아가 공동체를 유지해 나가기 위한 노력이 필요한데, 이런 점에서 '고전'의 의미를 현대에 맞게 다시 구성하고 교육하려는 시도는 매우 의미 깊은 일이라고 보았습니다. 김종철(2010)은 '정전' 중심의 학습은 성인이 살아가면서 만나게 되는 다양하고, 중요한 문제를 자신의 모국어로 다루는 능력, 다시 말해 국어능력의 도구성보다 문제해결과 창의력에 중점을 둔 심화 학습이라 할 수 있다고 하였습니다. 정리하자면, 인문고전 교육을 통해서 인성과 창의력, 독서력과 교양의 함양을 추구할 수 있다는 것입니다. **이에 따라 이 연구에서는 학생들의 사고력과 인성과 창의성에 중점을 두어서 실증적인 데이터를 분석해 보았습니다.**

넷째, 고전과목에 대한 교사들의 인식입니다. 김현정 외(2013)의 연구에서 많은 교사들(77.59%)이 고전 과목을 채택하는 것에 대해 긍정적으로 생각하였습니다. 또한 교사들은 고전을 제재로 삼은 통합적 국어활동의 실시에 대해서는 여러 가지 측면에서 긍정적인 인식을 갖고 있었습니다. 이병찬(2016)이 수도권 소재 고등학교 100곳을 설문조사한 연구에 따르면, '고전' 과목의 위상이나 정체성에 대해서는 '고전'이 국어 과목에 포함되어야 하고(82%), 다양한 국어 활동의 가능성(80%)이나 통합적 국어 활동이 가능하다는 평가(84%)가 모두 80% 이상의 높은 지지를 보였습니다. '고전'이 학생들의 교양을 높일 수 있는 과목이라는 인식도 82%를 보여서 긍정적으로 평가했습니다. 그러나 정재찬(2010)은 국어과 교사 가운데 동서양의 고전을 가르칠 수 있는 사람의 수가 불확실하다는 문제점을 제기하였고, 이재형(2013)은 고전과목의 정체성이 독서와 문학과목과 많이 겹치는 혼란한 점이 있다고 비판한 바 있습니다. **이에 따라 이 연구에서는 교사의 인식변화와 이해도도 함께 살펴보고자 하였습니다.**

9장. 예비 실행 연구

예비 실행 연구는 광영영재교육원에서 5월 20일과 27일에 이루어졌습니다. 중학교 1학년 학생 17명을 대상으로 하였습니다. 본격적으로 초등학교 급에 맞는 인문고전 독서 교육을 구안하기 전에, 필자들이 고민한 인문고전의 정의와 방법 등을 적용할 수 있는 감사한 기회였습니다. 인문영역의 독서 토론을 총 8시간 실시하였고, 그 세부내역은 다음과 같습니다.

〈표 2-4〉 광양교육지원청 영재교육원 "인문영역 독서토론"

영역명	소주제명	주요 내용 및 활동	시간
독서 토론	인문학적 소양 함양하기	• 인문고전과 창의성에 대해서 생각해 보기 • 인문고전과 인문학 그리고 우리의 삶의 성찰	2
	인문학적 소양 함양하기	• 〈명심보감〉 1장 〈繼善〉편 내용 이해하기 • 〈명심보감〉 1장 〈繼善〉편 하브루타 독서토론하기 • 〈명심보감〉 1장 〈繼善〉편 현대적 적용방안 고민해 보기	2

영역명	소주제명	주요 내용 및 활동	시간
독서 토론	인문학적 소양 함양하기	• 〈명심보감〉 2장 〈天命〉편 내용 이해하기 • 〈명심보감〉 2장 〈天命〉편 하브루타 독서토론하기 • 〈명심보감〉 2장 〈天命〉편 현대적 적용방안 고민해 보기	2
	인문학적 소양 함양하기	• 〈명심보감〉 4장 〈孝行〉편 내용 이해하기 • 〈명심보감〉 4장 〈孝行〉편 하브루타 독서토론하기 • 〈명심보감〉 4장 〈孝行〉편 현대적 적용방안 고민해 보기	2
합계			8

필자들은 이를 통해서 명심보감의 내용에 새로운 면모를 발견하게 되었습니다. 명심보감에 대한 토론의 과정에서 이전과는 달리 깊이 있는 사고력의 표현을 확인할 수 있었습니다. 그 토론의 장면을 소개하면 다음과 같습니다(의미 있는 부분을 확인하기 위해서 대화를 전사하였습니다).

〈명심보감 4장 효행편〉

교사: 명심보감에서 말하는 효와 오늘날 효는 어떻게 다른지 말해 봅시다.

① 학생: 예전에는 모든 것을 부모님 말에 복종하고, 순종하였다면, 오늘날에는 효에도 약간의 주체성이나 주관성이 생긴 것 같습니다.

교사: 주체성과 주관성이라고 하는 것은 구체적으로 무엇을 말을 합니까?

학생: 예를 들면 부모님과 생각이 틀리다고 생각했을 때는 내 생각

을 논리적으로 주장하고 부모님을 설득할 수 있는 것이라고 생각합니다.

교사: 네. 우리 사회는 가부장적인 질서가 팽배해서 예전에는 부모님 말씀에 절대 복종했던 것이 사실입니다. 그럼 효자와 불효자의 차이는 어떤 것들이 있을까요?

학생: 효자는 부모님 말에 순종하고, 부모님 뜻에 따르고, 부모님을 기쁘고 즐겁게 하고, 부모님의 맘을 상하게 하지 않지만 불효자는 반대로 하는 것 같습니다.

교사: 공부를 잘하는 것은 효가 될 수 없을까요?

학생: 그건 지극히 개인적인 것이라고 생각합니다.

교사: 여러분이 공부를 잘 해서 좋은 대학과 좋은 직장을 얻으면 부모님께서 기뻐하시지 않을까요?

학생: 기뻐하리라 생각합니다.

교사: 효는 대물림 될 수 있을까요?

② 학생: 효가 대물림 되어야 하는 건 맞지만 사회구조나 경제구조가 변화함에 따라 효가 대물림 되는 건 힘들 것 같다는 생각이 듭니다.

〈효행편 이야기〉를 읽고 나서

교사: 나는 어떻게 해서 부모님의 이름을 세상에 알릴 수 있을까요?

학생: 공부를 열심히 하거나 운동을 열심히 하면 될 것 같습니다.

교사: 부모님을 사랑하고 공경하고 있습니까?

학생: (이구동성) 네. 사랑하고 공경하고 있습니다.

교사: 부모님과 의견이 충돌되거나 상충되었을 때 어떻게 행동을 합니까?

③ 학생: 네 저는 부모님을 설득합니다. 부모님과 충분히 이야기해서 부모님을 설득합니다.

학생2: 저는 부모님께 화를 내는 경우도 더러 있습니다.

교사: 왜 부모를 사랑하는 사람은 남을 미워하지 않으며, 부모를 공경하는 사람은 남에게 거만하게 굴지 않을까요?

학생: 부모님을 사랑하고 공경하는 것이 몸에 배어 있기 때문에 남을 미워하거나 남에게 거만하게 굴지 않는 것 같습니다.

〈효행편 신문기사 읽은 후 토론 장면〉

교사: 부모님이 아프시거나 경제적 능력이 없을 때 부모님을 봉양하겠습니까?

학생: 네. 봉양하겠습니다.

학생2: 네. 저는 부모님이 절대로 봉양을 하지 말라고 신신당부하셨습니다. 그냥 결혼해서 가정 꾸리고 독립해서 살면 그만이라구요.

학생3: 네 저는 요양원에서 모시겠습니다.

교사: 부모부양책임자에 대한 의식이 점점 가족에서 사회나 기타기관으로 옮겨져 가고 있는데요. 그 원인은 무엇일까요?

④ 학생: 사회가 점점 핵가족화 되고 효의 대물림 의식이 약해져서 그런 것 같습니다.

학생2: 혼자 먹고 살기도 힘든 사회경제적 구조 때문에 그런 것 같습니다.

교사: 현대판 고려장이 벌어지는 까닭은 무엇일까요?

학생: 효의식이 약화되었기 때문입니다.

교사: 셀프부양시대에 가족의 해체를 막기 위한 방법은 어떤 것들이 있을까요?

학생: 사회나 국가가 부양의 책임을 다해야 할 것 같습니다.

교사: 네. 독일 같은 나라는 부모님을 봉양하는 가정이 많은데 국가에서 재정을 많이 보조해 주어서 개인적인 부담은 거의 없다고 합니다.

학생: 그럴 경우에는 부모님을 미끼로 돈을 타먹는 부작용도 발생할 수 있을 것 같습니다.

교사: 이전 시간에 했던 것을 다시 질문해 보겠습니다. 효는 대물림 될 수 있을까요?

학생: 네. 효는 꼭 대물림 되어야 하지만 갈수록 효의식이 약해지기 때문에 방법적인 부분은 많은 보완이 필요하다고 생각합니다.

인문고전에 나오는 효에 대한 구절을 가지고, 현대적 신문기사와 함께 읽고 토론한 장면입니다. 인문고전을 그대로 수용하는 것이 아니라, 토론을 통해서 비판적으로 해석하고 있는 것을 확인할 수 있습니다(①, ③). 또한 효의 문제를 사회나 경제의 구조적인 차원까지 확대하여 깊이 있게 논의하고 있습니다(②, ④). 이러한 현상은 명심보감 천명편에 대한 토론 내용에서도 확인할 수 있습니다.

〈명심보감 2장 천명편〉

교사: 명심보감 2장 천명편에서 말하고자 하는 주제는 무엇일까요?

학생: 착하게 살자는 것 같습니다. 착하게 살아야 복을 받는다는 것입니다. 착함을 추구하자라는 것입니다.

교사: 왜 착하게 살아야 할까요?

① 학생: 벌을 받지 않기 위해서입니다. 자신의 양심에 거리끼지 않기 위해서입니다.

교사: 여기에서 말하는 하늘은 무엇을 의미하는 것일까요?

학생: 절대자나 신이나 혹은 초월자를 말하는 것 같습니다.

교사: 왜 사람의 마음은 하늘이 될 수 있을까요?

② 학생: 사람의 마음에는 선과 악이 공존하기 때문입니다.

교사: 그러면 사람이 하늘이 된다는 것은 신과 인간이 동등해지는 것입니까?

③ 학생: 아뇨 신과 인간은 엄연히 다르다고 생각합니다.

교사: 어떻게 신과 인간은 다를까요?

④ 학생: 신은 모든 능력을 다 가지고 있고 스스로 모든 것을 초월하고 스스로를 정화하고 통제할 수 있는데 인간은 스스로의 힘으로는 절제나 통제를 할 수 없다고 볼 수 있습니다.

교사: 그러면 인간은 철저하게 타율적이고 수동적인 존재에 불과할까요?

학생: 아닙니다. 그것은 인간에 따라 다른데요. 때로는 종교에 의해서 절제나 통제를 길러갈 수 있습니다.

교사: 그러면 신과 인간이 같다는 것은 신도 인간과 마찬가지로 선과 악이 공존한다고 할 수 있을까요?

학생: 신과 인간은 다릅니다. 신은 인간이 선하게 살라고 악행을 일부러 줄 수도 있다고 생각합니다. 반대로 인간은 불완전한

존재라고 생각합니다. 인간은 악에 의해서 조정을 받을 수 있다고 생각합니다. 그리고 인간은 선한 존재인데 사회나 환경의 변화에 따라서 악하게 변한다고 생각합니다.

교사: 그럼 사회나 환경이 착하게 변하거나 깨끗하게 변하면 악한 사람이 나오지 않겠네요?

학생: 네. 그렇기는 하지만 사람은 원래 선하기도 하고 악하기도 해서 악한 사람이 나올 수도 있다고 생각합니다.

교사: 중국의 철학자 맹자는 성선설이라고 해서 원래 인간은 착하게 태어났는데 악하게 변했다고 말을 했습니다. 그러면 질문을 하겠습니다. 환경의 변화에 의해 악하게 변하면 교도소는 악한 사람을 교화시키기 위해 모인 곳인데, 더러는 교도소에서 다른 범죄를 배워서 나오는 경우도 많이 있는데 이것은 어떻게 설명을 하겠습니까?

학생: 교도소의 경우는 다르다고 생각합니다. 교도소는 동일한 경우가 아니라고 생각합니다. 교도소라는 사회라고 하는 것은 교화가 목적이기 때문에 교도소 자체의 환경이 악하다고 볼 수는 없습니다.

교사: 하늘의 뜻을 거스르지 않는다는 것은 무엇을 의미하는 것일까요?

학생: 하늘의 뜻에 따라서 착하게 살아가는 것입니다.

교사: 왜 착하게 살아야 합니까?

학생: 양심에 거리끼지 않기 위해서입니다. 악하게 살면 마음이 불편하기 때문입니다. 그리고 악하게 살면 착한 사람들이 악한 사람들을 벌을 줄 수가 있습니다.

교사: 어떻게 사람들이 벌을 내릴 수 있습니까? 모든 사람들이 재판관이 될 수는 없습니다.

학생: 사람들의 선함이 악한 사람들에게 양심의 가책을 느끼게 해서 스스로 자신의 행동을 뉘우칠 수 있다고 생각합니다. 예를 들면 유병언 회장이 자살한 것도 결국 사람들의 선한 마음들이 그 사람을 뉘우치게 해서 자살을 하지 않았을까 라는 생각이 듭니다.

교사: 악한 일을 하면 하늘이 반드시 벌을 준다고 했는데 오늘날 악한 일을 하고도 벌을 받지 않고 살아가는 사람들이 많은데 그 이유는 무엇일까요? 예를 들면 전두환 전 대통령은 계엄군 발포명령을 통해서 수많은 사람들이 희생당했는데 오늘날에도 잘못을 뉘우치지 않고 오히려 당당하게 살아가고 있습니다. 이러한 현상을 어떻게 설명할 수 있을까요?

⑤ **학생: 지위나 돈이 많으면 악해도 벌을 받지 않을 수 있다고 생각합니다.**

교사: 네 그러면 지위나 돈이 많으면 악한 일이나 행동을 해도 무방합니까? 제가 한 가지 요즘 이슈가 되는 일에 대해서 설명을 해주겠습니다. 여러분 혹시 전관예우라고 들어 봤습니까? 쉽게 말하면 오랫동안 판사나 검사로 임용이 되어 있다가 변호사로 개업을 해서 재판에서 후배 부장판사나 검사에게 압력을 행사해서 재판에 유리하게 작용하는 것을 설명하는 것입니다. 요즘 네이처리퍼블릭 정운호 사건에 대해서 들어 보았습니까?

학생: 네. 들어보았습니다.

> 교사: 정운호 대표는 마카오에서 도박을 해서 실형을 살고 있었는데
> 요. 최유정 변호사에게 보석을 조건으로 50억을 성공보수로
> 약속합니다. 최유정 변호사는 서울대 법대 출신으로 오랫동안
> 부장판사를 역임하고 변호사 개업을 한지 얼마 안 되었습니
> 다. 하지만 20억을 선수금으로 받았지만 정운호 대표는 보석
> 을 허가 받지 못했고 신수금으로 준 20억을 돌려달라고 했
> 지만 최유정 변호사가 그런 돈을 받은 적이 없다고 발뺌을
> 해서 세간에 알려지게 되었습니다. 유전무죄 유전무죄의 세상
> 에서 돈 많은 사람이나 지위가 높은 사람은 죄를 지어도 벌
> 을 받지 않는 것이 과연 옳은 일일까요?
>
> ⑥ **학생: 옳은 일이 아니라고 생각합니다. 죄를 지었으면 아무리 지**
> **위가 높아도 돈이 많아도 하늘이 내리는 벌을 받는 것이 옳**
> **다고 생각합니다.**

명심보감 천명편에 대한 토론을 통해서 선과 악에 대한 학생들의 인식을 확인할 수 있었습니다. 학생들은 양심(①), 인간 심성의 선과 악(②), 신과 인간(③, ④)에 대한 나름의 생각과 사고를 하고 있었습니다. 그러나 사회현상에 천명을 적용하는 과정에서 "⑤ 학생: 지위나 돈이 많으면 악해도 벌을 받지 않을 수 있다고 생각합니다." 라는 답변은 이 시대의 현주소를 말해주는 것 같아서 마음이 쓰렸습니다. 물론, 교사의 추가적인 발문과 상황제시로 인해서 ⑥번과 같이 생각이 변화하기는 하였습니다.

필자는 이 경험을 통해서 인문고전으로 토론하는 방법의 일부를 구안할 수 있었습니다. 그 내용은 **원문에 대한 질문 → 답변에**

대한 질문 → "왜"를 통한 질문 ⇒ 현대적 관점으로 적용으로 정리할 수 있었습니다.

10장. '참여연구 II'와 전문가 인터뷰

참여연구 II는 필자들이 참여연구 I과 같은 목적으로 좀 더 가까이에서 인문고전을 직접 이해하기 위해서 수행되었습니다. 저자들이 읽고 체험하지 않으면서, 인문고전을 권할 수 없기 때문입니다. 다만, 참여연구 I이 개인적인 차원이었다면, 참여연구 II는 공동체를 형성해서 전개하였다는 차별점이 있습니다.

4월 초부터 순천의 신흥초등학교에서 2주에 한번 2시간씩 인문고전 독서토론을 수행하였습니다. 참가한 인원은 6~8명 정도 되었으며, 사전에 인문고전 도서를 읽고, 학교 급에 어떻게 적용할지를 중심적으로 토론하였습니다. 그 세부적인 교육과정은 다음과 같이 구상하였습니다.

〈표 2-5〉 초등인문고전레시피 커리큘럼

순서	필독 도서
1	초등고전 읽기혁명 이론편 (인문고전)
2	초등고전 읽기혁명 실전편 (인문고전)

순서	필독 도서
3	리딩으로 리드하라 (인문고전)
4	함께 읽기는 힘이 세다 (독서 토론)
5	질문이 있는 교실 초등편 (하브루타 수업연구회) (토론)
6	책은 도끼다 (창의성)
7	여덟 단어 (창의성)
8	엄마 인문학 (인문학)
9	철학이 필요한 시간 (인문학입문–철학)
10	명심보감
11	명심보감
12	명심보감
13	명심보감
14	명심보감
15	명심보감
16	명심보감
17	명심보감
18	명심보감
19	명심보감
20	명심보감
21	명심보감

수행의 과정에서 2학기에 명심보감을 고학년에서 읽게 도울 방법에 대해서 다양한 아이디어들을 귀담아 들을 수 있었습니다. 각각 선생님들이 가지고 있는 실천적 지식의 집단적 힘을 경험한 것입니다. 그 모임의 한 장면을 제시하면 다음과 같습니다.

예시: 〈초등인문고전레시피〉 2회 모임 내용

2016. 4. 22.

1. '초등고전 읽기혁명'을 비판적으로 바라보면?

- 이 책에 소개된 책들은 아이들에게 좋은 책이지 고전이라고는 보기 어렵다. 고전이란 몇 백 년 전부터 내려오는 책인 '논어', '명심보감', '채근담'과 같은 책을 말한다.

- 하지만 초등학생 수준에서는 이 책들이 고전이라고 볼 수 있다. 왜냐하면 아이들에게 충분히 감동을 줄 수 있는 내용이기 때문이다.

- 우리가 평소에 고전이라고 하는 책들은 아이들에게 어려울 수 있다. 따라서 여러 사람들이 추천하는 좋은 책으로 고전 읽기를 시작하는 것이 좋겠다.

2. 이 책의 내용을 학교에서 실제로 실천한다면?

- 교사 또한 책을 같이 읽어야 고전 읽기를 효과적으로 지도할 수 있다.

- 한 학기에 1권 정도의 책을 선정하여 아침 독서 또는 교과 시간을 활용하여 지도할 수 있다. 10~20쪽 정도를 같이 읽고 토론하거나 자신의 생각을 글로 적는 등의 활동을 하면 효과적일 것이다.

- 다른 사람과 자신의 생각을 나누면서 책을 읽으면, 한 책을 끝냈을 때 아이들이 성취감을 느낄 수 있다.

- 고학년의 경우 '논어', '명심보감' 저학년의 경우 '채근담'을 추천한다.

- 필사 또한 좋은 방법이다. 예를 들면 '명심보감'의 내용을 공책

에 적도록 하는 것이다. 하지만 역효과가 나지 않도록 '벌'을 주기 위한 수단으로서 사용해서는 안 된다. 고전을 좋아하도록 하기 위해서는 아이에게 긍정적인 감정을 이끌어내야 한다.

- 가능하면 원문에 가까운 책을 제시하는 것이 좋다. '오즈의 마법사'의 경우 원문은 10권 이상이지만 아이들이 접하는 것은 요약된 동화책이다. 이렇게 되면 책의 내용이 요약되고 생략되어 아이들이 원래 책의 감동을 느낄 수 없다.

- 같은 책을 여러 수준으로 아이들에게 접해 보게 하는 것도 좋겠다. 예를 들면 '논어'를 만화로 된 논어, 쉬운 말로 바꿔 쓴 논어, 원문에 가까운 논어 3단계로 제시하는 것이다. 반 별로 단계를 다르게 책을 읽도록 한다면, 책 내용에 따라 어떻게 교육효과가 달라지는지 알 수 있다.

선생님들은 인문고전이 읽는 주체에 따라서 다르게 형성될 수 있음을 논의하였습니다. 특히 초등학생이 독자라면, 초등학생에게 충분히 감동을 줄 수 있고, 수준에 맞아야 한다는 합의를 하게 되었습니다. 또한 초등학교 급에서는 아침 독서 시간을 활용할 수 있고, 토론과 필사를 하게하며, 통권으로 읽게 하는 것이 좋겠다고 논의하였습니다. 마지막으로 초등 고학년에 적용할 경우 명심보감이 가능할 수 있다는 것을 합의하게 되었습니다. 이러한 내용은 2학기에 두 반에 명심보감 독서프로그램을 적용하는 하나의 근거가 되었습니다.

2학기 적용 - 아침독서시간, 토론과 필사, 통권, 명심보감

전문가 인터뷰는 서울의 K대학의 고전문학 전공 교수님과, 강원 지역의 K대학의 국어교육 전공 교수님께 방문하여 반구조화된 면담 (사전에 질문내용을 일부만 정해둠)의 형태로 실시하였습니다. 공통적으로 저희의 연구에 대해서 긍정적인 지지를 받았습니다. 특히, 10년의 연구 로드맵의 경우에 대해서는 협조를 구할 수 있는 연구자분들을 추천받기도 했습니다. 그러나 인문고전에 따로 독법이 있다는 부분에 대해서는 부정적인 답변을 얻었습니다. '일반적인 독서의 방법으로 충분히 가능하지 않을까' 하는 조언이었습니다.

　이는 이미 두 분이 인문고전의 독서에 탁월한 부분이어서, 일반적인 독서 방법 자체도 저희와는 질적으로 다른 차원이기 때문이라고 해석하게 되었습니다. 따라서 차후에 좀 더 인터뷰 대상을 확대해서 귀납적인 방법으로 '인문고전과 썸타기'를 할 수 있는 방법을 정리해 보아야겠다는 생각을 하게 되었습니다.

11장. 중간발표와 2차 워크숍

중간발표는 6월 18일 사교육걱정없는세상에서 수행되었습니다. 발표의 일정이 정기적으로 있는 점에서 꾸준히 연구를 멘토 교수님께도 점검을 받고, 집필의 일정을 조절할 수 있다는 점에서 좋다고 생각하였습니다. 그러나 연구자간 협의와 공조의 체제가 좀 더 보완되어야 한다는 생각을 하게 되었습니다. 또한 교사 연구자에 교사 연구자에 대한 연구 여건 마련과 환경 조성 차원에 좀 더 쉽게 이용할 만한 연구 유틸리티나 프로그램의 제공이 필요하다고 생각했습니다. 예를 들면, 질적 연구의 Nvivo 프로그램이나, 효과성 검증을 하는 기본 통계 도구 등을 사비로 구입하기에는 부담이 있기 때문입니다.

2차 워크숍은 1학기의 연구 성과를 바탕으로, 2학기에 적용할 인문고전 독서 방법을 구체적으로 구안하기 위해서 수행되었습니다. 8월 22일~23일 순천의 신흥초에서 실시하였습니다. 이 워크숍에는 7명의 현직교사와 1명의 학부모님이 참여하셔서, 소통과 공감의 자리를 함께 만들게 되었습니다. 그 세부일정은 다음과 같습니다.

가. 세부 일정

일시: 2016년 8월 22일 월요일 14시 ~ 8월 23일 화요일 13시

장소: 순천신흥초 본관 3층 도서관 및 본관 2층 운영위원실

프로그램 및 순서

〈1부〉

8월 22일 월요일 14시~17시

장소: 순천신흥초 본관 3층 도서관

13시 30분~14시: 등록 및 접수

14시~15시: 인문고전교육의 현주소

15시~16시: 〈초등고전읽기혁명〉 독서 토론

16시~16시 30분: 초등학교에서 인문고전교육 실천사례 발표

16시 30분~17시: 초등학교 인문고전교육의 문제점 및 발전방향 토론

〈2부〉

8월 22일 월요일 17시 30분~22시

장소: 순천만 인근 펜션

19시~20시: 〈명심보감〉 독서토론

20시~20시 30분: 영재교육원 명심보감 수업 실천사례 발표

20시 30분~21시: 마음을 울린 명심보감 한 구절 나눔

21시~22시: 명심보감의 수업적용 방안 연구

〈3부〉

8월 23일 화요일 10시 30분~1시

장소: 순천신흥초 본관 2층 운영위원실

10시~12시: 명심보감의 수업적용 방안 가능성 탐색과 조절

※ 필독도서: 초등고전읽기혁명 〈이론편〉,
　　　　　　명심보감 〈김원중역, 글항아리〉
　공통과제: 1. 초등고전읽기혁명 비판점 3가지
　　　　　　2. 초등학생들에게 명심보감을 재미있게 읽힐 수 있는 방안에
　　　　　　　 대해서 생각해오기
　　　　　　3. 나의 마음을 울리는 명심보감 구절과 그 이유 간단하게 발
　　　　　　　 표 준비하기

나. 인문고전 읽기 방법 구안

　워크숍의 결과 명심보감의 읽기 방법을 다음과 같이 구안하였습니다. 〈명심보감〉 읽기 방법론 구안의 핵심은 바로 〈명심보감〉과 현재의 나를 연결해서 새로운 성찰과 사색의 시간을 갖는 것이라고 할 수 있습니다. 〈명심보감〉이 단지 과거에 머무르는 것이 아니라 현재와의 삶의 관련성을 통해서 끊임없이 재해석되고 재생산되는 가치나 규범이 있음을 학생들이 직접 알게 하는데 목적이 있기 때문입니다. 이를 통해서 인문고전이라고 하는 것이 결코 과거에 머무르는 구태 의연하고 고리타분하고 어려운 책이라는 고정관념을 버리고 인문고전이 과거와 현재 그리고 미래를 관통하는 중요한 핵심적인 가치를 함의하고 있음을 충분히 느끼고 평생 인문고전 독자가 되게 하는데 최종적인 목적을 두었습니다. 이 비우기-채우기-사

색하기-연결하기-실천하기의 설명은 "1부 10장"을 통해서 확인할 수 있습니다. 연구 방법 적용 학급의 교사와 협의를 통해서 1주일에 2번 아침 독서 시간을 활용하는 것을 정하였습니다. 이에 따라 〈표 2-6〉의 예상시간은 30분씩 두 번의 형태로 정리되었습니다.

〈표 2-6〉 함께 구안한 인문고전 읽기 방법

단계	학생활동	관련 아이디어	예상 시간
비우기	- 걱정스럽고 고민스러운 마음을 잠시 잊기 - 바른 자세로 천천히 숨쉬기 - 내 주변자리 정돈하기	- 예술의 힘(좋은 그림, 좋은 음악) - 잔잔한 경음악으로 마음 정돈하기(클래식, 국악)	5분
채우기	- 속으로 읽어보기(음독), 여러 번 읽기(다독) - 의미 있는 단어에 표시하기(꼼꼼하게 읽기) - 모르는 단어나 인물을 사전/인터넷 찾아보기 - 필사하기	- '필사 카드' 만들기 - '끄적거림'을 적극 활용하기 (책에 흔적 남기기, 의문점 표시, 의미 있는 부분, 질문거리 찾기)	25분
사색 하기	- 생각하고 생각해 보기	- 점심시간 '5분 칸트의 산책'	5분
연결 하기	- 과거의 나, 현재와 나, 미래의 나 - 나와 내 주변에서 일어나는 일 (시사적인 일) - 관련된 인문고전(아동문학_그림책, 이솝우화 수준) 읽기	- e-nie활용(신문, 잡지 등에서 과거 현재의 신문내용) - 하브루타 독서토론하기 (짝 토론, 전체 토론, 피라미드 토론식)	20분
실천 하기	- 나만의 명심보감 쓰기 - 그림으로 나타내기 - 암송하기	- 필사카드 활용 - 비주얼 씽킹 활용 가능	10분

다. 청람 인문고전 필사노트 정리법 구안

〈표 2-6〉을 바탕으로 명심보감 독서 실천에 적용한 인문고전 필사 방법은 다음과 같습니다.

〈표 2-7〉 필사노트 정리방법

I안		II안	
필사하기	질문 및 토론내용 적기	필사하기	질문 및 토론내용 적기
내 주변에서 일어나는 일과 연결하기 (신문, 잡지 등 스크랩)	실천하기 (글로 표현) 내가 쓴 명심보감	내 경험과 연결하기 (과거, 현재) - 독서경험(간접) 관련된 경험(직접)	실천하기 (그림으로 표현) -비주얼 씽킹

명심보감 읽기 실천노트 예시   (8월 25일 목요일 계선편)

□ 필사하기	② 질문 및 토론 내용 적기
③ 연결하기 내 주변에서 일어나는 일과 연결하기 (신문.잡지.인터넷기사) 내 경험과 연결하기 (과거 및 현재의 경험 및 독서경험)	④ 실전하기 내가 쓴 명심보감 (글이나 그림으로 표현하기)

[그림 2-6] 명심보감 읽기 실천노트 예시

〈사진 2-1〉 2차 워크숍 활동사진

12장. 실행연구 _ 명심보감 읽기 방법 적용

가. 연구의 개요

9월부터 12월까지 〈명심보감〉 읽기 교육 방법론을 실제 교실에 적용해 보았습니다. 연구대상은 6학년 두개 학급입니다(순천 신흥초 6학년 A반과 B반). 두 반은 사전에 출발점 확인을 위해서 공통적으로 인문고전 인식 설문지(부록1)를 수행하였습니다. 또한 동일한 설문지를 가지고 사후 인식 변화를 확인하였습니다. 이 설문지는 연구자들이 합의를 통해서 구안한 것으로, 사전 예비 설문과 전문가 검토(교육통계학과 교수님)를 거쳐서 보안하였습니다.

연구 전개를 위해서 두개 반에 공통적으로 〈명심보감〉 책을 제공해주었습니다. 통제집단으로서 6학년 A반은 일반교실의 상황에서 〈명심보감〉을 단순하게 교사가 읽으라고 하고, 일주일에 한 번씩 아침활동 시간에 〈명심보감〉을 읽도록 했습니다. 이와는 반대로 실험집단으로서 6학년 B반에서는 담임교사의 주도하에 화요일과 목요일 아침시간을 통해서 구체적인 방법론을 적용해서 〈명심보감〉을 학생들이 읽도록 했습니다. 6학년 B반 학생들의 경우에는 화요일에는 비우기-채우기-사색하기 활동을 하고 목요일에는 연결하기-실천하기 활동을 지속적으로 해 나간 것입니다.

명심보감 교실적용에서 중점적으로 둔 활동은 첫 번째로 나만의 명심보감 실천카드 만들기였습니다. 명심보감 실천카드의 앞면은 맘에 드는 구절을 적고, 뒷면에는 이것을 바탕으로 스스로가 명심보감의 구절을 만들어서 적는 것입니다. 이러한 활동들을 통해서 명심보감의 구절을 더욱더 몸으로 체득하고 익혀서 스스로 명심보감 구절들을 오랫동안 기억하게 하는 효과를 가져올 수 있었습니다.

두 번째로 명심보감 실천노트 활동입니다. 명심보감 실천노트를 통해 학생들은 매일 활동한 내용들을 기록하고 스스로 성찰한 결과들을 기록할 수 있는 공간을 가질 수 있도록 했습니다. 명심보감 실천노트의 작성을 통해서 자신들의 생각이 더욱더 깊어지고 삶을 바라보고 성찰하고 생각할 수 있는 힘을 길러줌과 동시에 현재의 여러 가지 다양한 문제들과 명심보감의 내용들을 직접 비교해 보는 시간을 가질 수 있었습니다. 비판적 사고력과 창의적 사고력의 면모가 글을 통해서 드러났습니다. 특이한 점은 통제집단의 학생들도 명심보감에 흥미와 관심을 많이 보였고 명심보감을 통해서 인문고전에 대한 가치에 대해서도 조금씩 공감을 하기도 했습니다. 이는 학년별의 차이, 텍스트 수준의 차이 등을 두어서 인문고전의 효과에 대한 정밀한 후속 연구가 필요하다는 것을 도출할 수 있었습니다.

교실 환경 조성 _명심보감 실천 카드 판	명심보감 실천카드

명심보감 실천노트	명심보감 독서 장면

〈사진 2-2〉 대표적 활동장면

나. 참여 학급의 선정 기준과 학급의 특징

필자들은 여름 워크숍을 통해서 참여 학급을 모집하였습니다. 참여 학급을 선정하기 위한 기준으로는 크게 두 가지로 논의하였습니다. 첫째, 명심보감 독서 활동에 대한 시간 확보가 가능한 학급이어야 했습니다. 이에 따라 최초에는 6학년과 5학년, 3학년이 모집되었습니다. 둘째, 명심보감을 활용한 교육 활동에 대해서 교사나 학생의 거부감이 작어야 했습니다. 이 과정에서 6학년의 2개 반이 최종 선정되었습니다.

연구에 참여한 두 학급의 특징은 크게 두 가지가 있었습니다. 첫째, 6학년 A반은 남학생 11명 여학생 15명, 6학년 B반은 남학생 12명, 여학생 13명으로서 성비의 영향은 크게 미치지 않는 것으로 전제하였습니다. 둘째, 사전 설문 결과 기초 항목에서 다음과 같은 특징이 나타났습니다. 학생들이 1달에 평균적으로 읽는 독서량의 평균값이 A학급은 15권, B학급 9.76권으로 나타났습니다. 학생들이 인문고전 목록에서 읽은 책의 평균 권수가 A학급은 9.07권, B학급은 8.64권으로 나타났습니다. 그밖에 국어시험 성적의 평균값도 큰 차이가 없는 것으로 보고되었습니다. 전체적으로 비슷한 수준을 보이나, 실험집단인 B학급이 독서량과 독서 경험 면에서 다소 낮은 출발점을 보이고 있는 것으로 파악되었습니다.

〈표 2-8〉 참여 학급의 특징(9월 달 사전 설문조사 결과 중 일부)

구분	A반 - 통제집단	B반 - 실험집단
성별 구성	남 11명, 여 15명	남 12명, 여 13명
한 달 평균 독서 권수	평균 15권	평균 9.76권
그동안 읽은 인문고전 권수	평균 9.07권	평균 8.64권

다. 연구 참여 기간과 세부 계획

두 학급이 연구에 실제적으로 참여한 기간은 2학기로서, 구체적으로는 9월 1일부터 12월 31일까지입니다. 학급 및 학교 행사로 인한 것을 제외하고는 실제적으로 연구에 참여한 주차는 총 17주차 중에 12주차라고 할 수 있습니다.

연구 참여 두 학급 교육과정에 따라서 다음과 같이 세부 읽기 계획표를 작성하였습니다. 계획표이기 때문에 실제 실천의 과정에서는 17번 중에 12번이 수행되었습니다.

〈표 2-9〉 명심보감 주간 읽기 계획표(이어짐)

순서	날짜	차례	비고
1	9월 1주 (0906)	제1편 계선 (착함을 잇는다)	
2	9월 2주 (0912)	제2편 천명 (하늘의명) 제3편 순명 (천명에 순응하라)	추석 월/화
3	9월 3주 (0920)	제4편 효행 (효도와 행실) 제6편 안분 (분수에 편안하라)	
4	9월 4주 (0927)	제5편 정기 (몸을 바르게 하다)	
5	10월 1주 (1004)	제7편 존심 (마음을 보존하라)	
6	10월 2주 (1011)	제8편 계성 (성품을 경계하라)	
7	10월 3주 (1018)	제9편 근학 (부지런히 배워라)	
8	10월 4주 (1027)	10편 훈자 (자식을 가르쳐라)	수학여행 목/금

순서	날짜	차례	비고
9	11월 1주 (1101)	제11편 성심 상 (마음을 살펴라)1 17장까지	
10	11월 2주 (1108)	제11편 성심 상 (마음을 살펴라)2 35장까지	
11	11월 3주 (1115)	제11편 성심 상 (마음을 살펴라)3 55장까지	
12	11월 4주 (1122)	제12편 성심 하 (마음을 살펴라)1 11장까지	
13	11월 5주 (1129)	제12편 성심 하 (마음을 살펴라)2 35장까지	
14	12월 2주 (1206)	제13편 입교 (가르침을 세우다)	
15	12월 3주 (1213)	제16편 안의 (의로움에 편안하라) 제17편 준례 (예의를 준수하라)	
16	12월 4주 (1220)	제18편 언어 (말을 삼가라)	
17	12월 5주 (1227)	제19편 교우 (친구를 잘 사귀어라)	

라. 연구의 방법

철저한 의미의 실험 연구라기보다는 실행연구를 수행하고자 하였습니다. 실행연구에 관해서는 다음의 설명을 참조할 수 있습니다.

문제해결을 위해 새로운 기술이나 접근방법을 개발하여 현장에서 직접 적용하여 효과를 알아보는 연구방법이다. 실천가들이 자신이 처한 현실을 더 잘 이해하고 개선하는 활동을 추구하면서 수행하는 연구로 책상 앞에서만 이루어지는 연구의 일반적 성향에 대비하여 활동연구라고도 한다. 연구자가 처한 상황에 직접적으로 적용이 가능한 지식을 얻는데 목적이 있기 때문에 일반적으로 편의적으로 연구대상을 표집하며, 일상적으로 사용되는 도구를 사용하여 자료를 수집하고, 통계적 유의미성보다는 실제적 유의미성에 초점을 두어 자료를 분석한다. 특히 연구결과가 실제에 어떤 영향을 미치는가를 밝히는 데 관심을 둔다. 성공적인 실행연구가 수행되려면 충분한 시간과 상당한 정도의 자율성, 그리고 연구자의 헌신적 노력이 필수적이다.

– 한국교육심리학회(2000), 교육심리학 용어사전, 학지사

이 연구는 연구자들이 접근 가능한 두 개 학급을 편의표집 하였고, 자료 수집을 위해서는 설문조사와 심층인터뷰, 성찰노트에 적은 것, 명심보감 책에 기록한 것에 대한 내용분석을 실시하였습니다.

설문조사 자료의 분석은 실제적 유의미성을 확인하는 수준에서 기술적인 통계치를 확인하고, 심층인터뷰의 내용으로 이에 대한 부족한 부분을 확인하고자 했습니다. 이때 설문조사는 사전(9월 초)과 사후(12월 말)에 두 번 똑같은 내용을 가지고 검사를 하였습니다. 심층인터뷰는 12월 말에 해당학급의 교사와 학생을 대상으로 반구조화된 면담을 실시하였습니다. 이는 인문고전 독서프로그램의 효과에 대한 자기 진술을 하도록 하는 것으로서, 인문고전 독서프로그램의 효과를 간접적으로 확인할 수 있기 때문입니다.

한편 내용분석은 명심보감 책에 자기 스스로 이해도를 표시하도

록 한 것을 연구자들이 학생별로 엑셀 파일로 정리하였습니다. 예를 들어, 다음과 같은 형태로 기록하게 한 것입니다. 한 번에 읽고 이해한 것은 "○"표시, 부분적으로 이해되거나 질문거리가 생기는 것은 "△", 이해되지 않는 것은 "X"표시를 하도록 한 것입니다. 이를 누적적으로 기록하게 하였습니다. 예를 들어 처음 읽을 때에는 이해되지 않았다가, 두 번째 다시 읽을 때에 이해된 것은 "XO"로 표시하도록 한 것입니다. 학생의 책 하나를 보여드리면 다음과 같습니다. 〈사진 2-3〉에서 〈1〉은 학생이 한 번에 읽고 뜻을 이해한 구절입니다. 〈2〉는 질문거리가 생긴 구절입니다. 〈3〉은 처음에는 이해하지 못했다가 두 번째 읽었을 때에 이해가 가능했던 구절입니다.

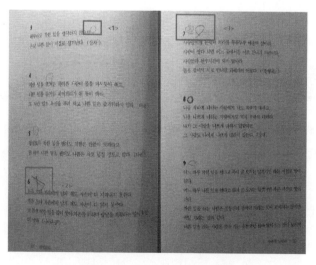

〈사진 2-3〉 명심보감 책에 메모하기

학생들이 성찰일기에 적은 내용에 대해서는 질적 연구의 코딩 작업을 통해서 유의미한 주제를 추출하고자 했습니다. 코딩의 실시는 12월 말부터 2주간 실시하였습니다. 이러한 코딩의 방법은 다음을 참조하였습니다.

〈표 2-10〉 질적 연구에서 분석의 과정(한유리, 2015:104-105)

① 자료를 읽으면서 전체적으로 이해하기

② 떠오르는 아이디어는 분석 메모에 적으면서 정리하기

③ 여러 번에 걸쳐서 코딩과 범주화 작업을 하기

④ 좀 더 추상적인 테마로 수렴해가기

⑤ 효과적으로 연구 결과를 전달하기 위해서, 시각적 모형이나 표 등으로 재현하기

위와 같은 자료의 수집과 분석의 과정은 다음과 같이 정리할 수 있습니다. "O"기호는 수행을 한 것, "X"기호는 수행하지 않은 것, "-"기호는 대상이 아닌 것으로 표시하였습니다. 이때 교사와 학부모의 데이터를 확보한 것은 학생의 명심보감 독서 실천에 대한 결과를 다양한 관점에서 이해하기 위함이었습니다. 연구에 작용할 수 있는 변수로서 교사의 신념, 가정의 문식환경을 사전에 통제할 수 없었기 때문입니다.

<표 2-11> 참여자별 자료수집과 자료 분석표

구분		B학급			A학급		
		학생	교사	학부모	학생	교사	학부모
자료 수집	사전 설문조사	O	X	X	O	X	X
	성찰노트 제공	O	X	X	X	X	X
	명심보감 책의 제공	O	O	X	O	O	X
	명심보감 책에 메모하기	O	X	-	O	-	-
	사후 설문조사	O	O	O	O	O	O
	심층 인터뷰	O	O	O	O	O	O
	소감문 작성	O	X	X	O	X	X
자료 분석	성찰노트 내용 분석	O	-	-	X	-	-
	설문조사 분석	O	O	O	O	O	O
	명심보감의 메모 분석	O	-	-	O	-	-
	심층인터뷰 내용 분석	O	O	O	O	O	O

마. 연구의 과정

1) 담임교사와의 사전 협의, 학부모 동의 확보

연구 참여 두 학급 교사와의 사전 협의와 학부모 동의 절차를 거쳤습니다. 참여 교사와의 협의는 매주 어떤 요일에 지속적으로 적용할 수 있는지에 대한 논의와 실제 명심보감 독서 방법을 적용하기 위한 내용으로 이루어졌습니다. 이를 통해서 아침 독서 시간을 활용해서 매주 2회를 실시하도록 결정하였습니다.

2) 명심보감 책의 선정

실험집단의 학생과 통제집단의 학생에게는 공통적으로 명심보감 책을 제공하였습니다. 이는 앞서 1-2차 워크숍을 통해서 합의한 내용으로서, 학생들이 지속적으로 명심보감을 독서할 수 있도록 문식 환경을 제공하기 위함이었습니다.

명심보감을 선정하기 위해서 인터넷 문고를 통해 검색한 결과 '명심보감'과 관련된 책은 1081건이 제시되었으며, 이중에 신간만 해도 4권, 베스트셀러는 196권이나 되었습니다. 이를 통해서 1권을 선정하는 절차는 다음과 같았습니다. 판매량과 리뷰가 많은 것을 통해서 196권으로 초점화 하였습니다. 판매량과 리뷰는 해당 책의 질에 대한 기초적인 검증을 할 수 있게 하기 때문입니다. 다음으로 내용적으로 가능한 원문의 형태를 유지한 것을 살펴보면서 10권으로 초점화 하였습니다. 이는 학생이 어느 정도로 이해하는지 확인하려는 목적과 학생 스스로 자신의 언어로 새롭게 명심보감을 작성할 여지를 주어야 하기 때문입니다. 다음으로 각주와 참고내용이 풍부한지를 확인하면서 2권을 선정하였습니다. 각주와 참고내용은 명심보감의 해당 구절을 곡해하는 것을 어느 정도 방지하는 역할을 할 수 있기 때문입니다. 마지막으로 연구 참여 학급의 담임교사의 최종 검토를 통해서 1권을 확정하였습니다. 해당 학년과 참여 학급의 특성과 적용가능성을 고려하고자 했기 때문입니다.

〈표 2-12〉 명심보감 책의 선정과정

선정과정	의미	권수
인터넷 문고에서 명심보감으로 검색	1차 데이터 확보	1081건
판매량과 리뷰숫자의 확인	공인 절차	196권
내용 검토 - 교육적으로 변형되지 않았는지	연구목적 고려	10권
관련 자료의 제공 - 각주와 참고내용 유무	연구목적 고려	2권
해당 학년의 담임교사의 최종 검토	학생 이해도 확인	1권

〈사진 2-4〉 최종 선정한 명심보감 텍스트

(추적 저, 백선혜 역(2005), 『명심보감』, 홍익출판사)

〈표 2-13〉 선정한 명심보감 책의 목차

세부 목차 내용	
1. 착하게 살아라[繼善]	14. 정치를 잘하라[治政]
2. 하늘을 두려워하라[天命]	15. 집안을 잘 다스려라[治家]
3. 천명을 따르라[順命]	16. 의리 있게 살아라[安義]
4. 효도를 하라[孝行]	17. 예절을 따르라[遵禮]
5. 몸을 바르게 하라[正己]	18. 말을 조심하라[言語]
6. 분수를 받아들여라[安分]	19. 친구를 잘 사귀어라[交友]
7. 마음을 보존하라[存心]	20. 훌륭한 여성이 되라[婦行]
8. 성품을 경계하라[戒性]	21. 덧붙임[增補]
9. 부지런히 배워라[勤學]	22. 반성을 위한 여덟 곡의 노래
10. 자식을 가르쳐라[訓子]	[八反歌八首]
11. 마음을 살펴라 _ 상[省心 上]	23. 효도를 하라 속편[孝行 續]
12. 마음을 살펴라 _ 하[省心 下]	24. 청렴하게 살아라[廉義]
13. 가르침을 세워라[立敎]	25. 배움을 권장한다[勸學]

3) 필사노트(성찰노트)와 실천카드의 제공

필사노트와 실천카드는 특정한 용지(학습지형태)를 만들지 않고, 학생들이 쉽게 접할 수 있는 노트와 색지를 활용하였습니다. 이때 필사노트는 〈표 2-7〉의 방법을 적용하도록 하였습니다. 학생들이 작성한 필사노트의 예는 다음과 같습니다.

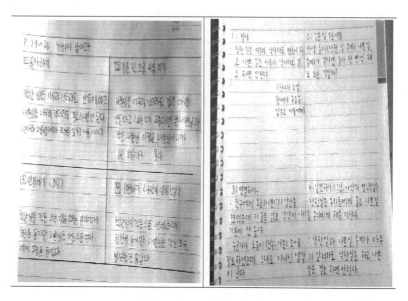

〈사진 2-5〉학생 필사노트(성찰노트)의 예

  다음으로 필사카드의 경우는 A4 사이즈의 색지를 8등분해서 학생들에게 제공하였습니다. 이 때 앞면에는 명심보감의 구절을 적고, 뒷면에는 명심보감을 자신만의 해석으로 재구성해서 창의적으로 적도록 하였습니다. 이는 성찰노트의 '실천하기' 단계와 관계가 있습니다. '실천하기' 단계에서 나만의 명심보감을 작성하도록 했기 때문입니다.

  또한, 필사카드를 책상에 항상 두고, 그 내용을 사색하도록 하였습니다. 1주에 하나의 필사카드가 학생의 책상 위에 항상 있도록 한 것입니다. 그리고 필사카드는 교실 환경에도 적용하여서 학생들이 서로의 생각과 성찰의 내용을 함께 공유하도록 하였습니다.

〈사진 2-6〉 실천 카드 활용의 예

4) 사전 설문조사와 학생대상 인문고전 독서방법 소개 교육

　두 학급의 학생들을 대상으로 인식을 확인하기 위한 사전 설문조사가 수행되었습니다. 그 후에 담임교사의 요청에 따라 실험집단에 연구자의 중재가 투입되었습니다. 인문고전 독서방법에 대한 내용을 6학년 B반에 1차시분량으로 교수학습을 한 것입니다. 시간과 장소는 6학년 B반 교실에서 9월 2일 담임재량시간의 협조를 구해서 실시하였습니다. 이를 통해서 학생들은 인문고전의 독서방법 '비우기-채우기-사색하기-연결하기-실천하기'에 대해서 학습할 수 있었습니다. 다음은 연구자의 중재(intervention) 장면입니다.

〈사진 2-7〉 학생 대상 교육 장면

5) 명심보감 독서 실천의 진행(12주간)

명심보감을 독서하는 과정에서 필사노트, 실천카드와 더불어 명심보감의 책에 메모를 하도록 했습니다. 이와 관련해서 실험집단과 통제집단의 학생들에게 제공한 명심보감 책에 자신의 이해도에 따라서 표시를 하는 방법을 안내하였습니다.

통제집단으로서 6학년 A반은 일반교실의 상황에서 〈명심보감〉을 단순하게 교사가 읽으라고 하고, 일주일에 한 번씩 아침활동 시간에 〈명심보감〉을 읽도록 했습니다. 이와는 반대로 실험집단으로서 6학년 B반에서는 담임교사의 주도하에 화요일과 목요일 아침시간을 통해서 구체적인 방법론(〈표 2-6〉, 〈표 2-7〉)을 적용해서 〈명심보감〉을 학생들이 읽도록 했습니다. 6학년 B반 학생들의 경우에는 화요일에는 비우기-채우기-사색하기 활동을 하고 목요일에는 연결하기-실천하기 활동을 지속적으로 해 나간 것입니다. 다음은 해당 장면입니다.

〈사진 2-8〉 명심보감 독서 실천 장면

6) 사후 설문조사와 추가 인터뷰 실시

사후 설문조사는 두 학급의 학생, 학부모, 교사 모두를 대상으로 12월말에 실시하였습니다. 이를 위해서 교사용 학부모용 설문지를 제작하였고(부록2) 학생은 2학기의 경험을 자유롭게 기술할 수 있는 문항을 추가하였습니다. 사전과 사후에 동일한 설문지로 학생들의 인문고전에 대한 인식을 확인하였습니다. 이는 학생들의 인문고전에 대한 출발점(독서경험과 독서능력)을 진단하고, 1학기 동안의 변화과정을 확인하기 위한 의도로 진행된 것입니다. 이에 따라서 추가적인 인터뷰가 필요한 학생, 학부모, 교사의 경우는 전화, 대면 인터뷰를 실시하였습니다.

7) 소감문 작성

소감문은 두 학급의 학생과 B학급의 교사를 대상으로 12월말에 실시하였습니다. 이를 위해서 "명심보감을 읽고 나서 느낀 점이나 깨달은 점 혹은 읽은 방법에 대해서 생각한 점을 자유롭게 적어주시길 바랍니다."라는 질문에 자유롭게 답변을 쓰도록 했습니다.

바. 연구의 결과 분석

연구의 결과 분석은 크게 4가지 차원에서 실시되었습니다. 첫 번째는 설문조사 결과 분석과 심층인터뷰 분석입니다. 두 번째는 명심보감에 한 메모분석입니다. 세 번째는 성찰노트의 내용분석입니다.

1) 설문조사 결과 분석과 심층인터뷰 분석

가) 학생

설문조사는 크게 인문고전에 대한 인식(3번, 5번, 12번, 13번, 14번), 인문고전의 효과에 대한 인식(1번, 2번, 4번, 15번), 인문고전의 독서방법에 대한 인식(6번, 7번, 8번 9번, 10번, 11번)으로 구성되어 있습니다.

① 인문고전에 대한 인식의 변화

인문고전에 대한 인식은 3번 문항 '인문고전은 읽기 쉽다'를 초점화해서 살펴보았습니다. 전출자와 결시생 등이 있어서 해당 설문 시기별로 참여 인원에는 차이가 발생하였습니다. 인문고전만 읽은 A반의 경우는 9월과 12월에서 큰 차이는 없었습니다. 다만, '인문고전이 매우 쉽다'라고 생각했던 학생 2명이 각각 '보통이다'와 '그렇다'로 이동한 변화가 있었습니다. 이에 비해서 인문고전 독서 방법을 적용한 B반의 경우에는 '매우 그렇다'와 '그렇다'의 비율이 21%나 상승하는 효과가 있었습니다. 그러나 12월에도 B반에서 '그렇지 않다'로 기재한 '학생-B반-L'의 경우와 12월에 B반에서 '매우 그렇다'로 기재한 '학생-B반-S'의 경우에는 심층인터뷰를 실시하였습니다.

<표 2-14> 인문고전에 대한 인식 변화

구분		매우 그렇다	그렇다	보통이다	그렇지 않다	전혀 그렇지 않다	합계
A반 (통제 집단)	9월 (N=25)	2 8%	6 24%	13 52%	3 12%	1 4%	25 100
	12월 (N=23)	0 0%	6 26%	13 57%	3 13%	1 4%	23 100
	변화치(%)	- 8	+2	+5	+1	-	
B반 (실험 집단)	9월 (N=24)	0 0%	7 29%	10 42%	5 21%	2 8%	24 100
	12월 (N=24)	1 4%	11 46%	11 46%	1 4%	0 0%	24 100
	변화치(%)	+4	+17	+4	−17	−8	

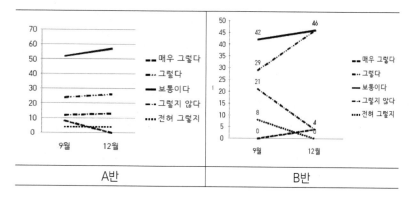

[그림 2-7] 집단별 변화 차이 그래프

명심보감이 아무리 중요하게 느껴도 확실히 교육적이긴 했습니다. 희망적, 미래적, 사회적, 그래도 아직 초등생이 읽기는 너무 지루하고 어렵고 딱딱하기만 하였습니다. 하지만 중고등학생이 되어야 겨우 읽을 수 있을 것 같았습니다. ㉠사실, 제가 알고 있는 분들도 있어서 비교하는 재미도 있었습니다. 근데 유명한 분들의 말과 모르는 분의 말뜻을 이해하는 데에 ㉡시간이 걸린 듯합니다. 제가 생각하기에는 나중에 읽어도 늦지는 않을 것 같습니다.(B반-학생-L)

명심보감을 읽으면 ㉢인생엔 도움이 될 수 있다고 생각해서 좋았습니다. 좀 힘든 점도 있지만 집중해본다면 ㉣누구든 충분히 할 수 있습니다.(B반-학생-S)

위 인용문은 두 학생의 심층인터뷰 내용 중 일부입니다. L학생은 한 달에 평균 50권을 읽는다고 이야기하였습니다. 게다가 인문고전 목록 중 27권을 읽었다고 보고하였습니다. 그럼에도, 12월에 인문고전에 대한 인식 문항(3번, 5번, 12번, 13번, 14번)의 답에 모두 부정적으로 기재하였습니다. 초등학교 급에서 명심보감의 효용성에 대해서 학생 나름의 판단을 하고 있다는 점에서 긍정적으로 판단하였습니다. 또한 학생이 명심보감을 이해하는 데에 자신의 배경지식을 활용한다는 측면(㉠)과 독해 시간을 조절하는 측면(㉡)을 살펴볼 수 있었습니다. 독서경험이 풍부함에도 명심보감이 어렵고 딱딱하게만 느껴졌다고 논의하는 특별한 사례로서, 이는 차후에 질적인 연구가 필요하다고 판단하게 되었습니다. 예를 들면, 종단연구의 형태로서 L학생이 평생 인문고전을 읽어나가는 과정에서 어느 시기가 명심보감을 읽기에 적절한지를 스스로 파악하도록 하는 것이 한 방법이 될 수 있습니다.

S학생은 한 달에 평균 5권을 읽으며, 인문고전 목록 중에서 10 권을 읽었다고 보고하였습니다. 긴 인터뷰 답변은 아니었지만, 학생 나름 명심보감의 필요성을 자신과 연계하고 있었습니다(ⓒ). 또한 인문고전에 대한 자기효능감을 보고하고 있습니다(ⓓ). 이 학생은 12월에 인문고전에 대한 인식 문항(3번, 5번, 12번, 13번, 14번)의 답에 모두 긍정적으로 기재하였습니다.

② 인문고전의 효과에 대한 인식

인문고전에 대한 인식은 1번 문항 '인문고전을 읽으면 사고력이 확장된다.'와 2번 문항 '인문고전을 읽으면 배경지식이 많아진다.'를 초점화해서 살펴보았습니다.

1번 문항의 경우 인문고전만 읽은 A반의 경우는 9월과 12월에서 큰 차이는 없었습니다. 이에 비해서 인문고전 독서 방법을 적용한 B반의 경우에는 '매우 그렇다'와 '그렇다'의 비율이 20%나 상승하는 효과가 있었습니다. 9월에는 '그렇다'에서 12월에는 '매우 그렇다'로 변화한 'B반-학생-O'에 대해서 추가 인터뷰를 실시하였습니다.

〈표 2-15〉 인문고전의 효과(사고력)

구분		매우 그렇다	그렇다	보통이다	그렇지 않다	전혀 그렇지 않다	합계
A반 (통제 집단)	9월 (N=25)	3 12%	16 64%	6 24%	0	0	25 100
	12월 (N=23)	3 13%	14 61%	6 26%	0	0	23 100
	변화치(%)	+1	−3	+2			
B반 (실험 집단)	9월 (N=24)	4 17%	11 46%	9 37%	0	0	24 100
	12월 (N=24)	5 21%	15 62%	4 17%			24 100
	변화치(%)	+4	+16	−20			

조금 지루했지만, 저한테 도움이 된 거 같아서 기분이 좋았습니다. ㉠살짝 깨달음을 얻은 것 같습니다. 요즘은 책 읽는 게 재미있습니다. 인생에 도움이 된 것 같습니다.(B반-학생-O)

위 인용문의 O학생은 한 달에 평균 6권을 읽는다고 이야기하였습니다. 학급 평균에 4권이나 못 미치는 독서량이었습니다. 게다가 인문고전 목록 중 4권을 읽었다고 보고하였습니다. 이 역시 학급 평균으로 보면 한참은 부족해 보입니다. 그럼에도, 12월에 인문고전의 효과에 대한 인식을 묻는 문항(1번, 2번, 4번, 15번)의 답에 모두 긍정적으로 기재하였습니다. 적어도 이 학생에게는 인문고전 독서 프로그램이 실질적인 역할을 하게 되었다고 판단할 수 있는 부분입니다. 특히 '깨달음'이란 표현에서, 명심보감을 통해 O학생이 나름의 방식으로 깊게 사고하는 것을 하게 되었다고 판단할 수 있었습니다(㉠).

다음으로, 2번 문항의 경우 인문고전만 읽은 A반보다 인문고전에 적용한 B반의 경우에는 '매우 그렇다'와 '그렇다'의 비율이 다소 높은 결과(10%)를 보였습니다. 다만, '배경지식의 함양'이라는 독서의 일반적인 효과는 A와 B반 모두에 나타났습니다. 이 항목과 관련해서 A반의 P학생과 B반의 J학생은 배경지식에 '영향을 주지 않는다'에서 '영향을 준다'로 변화가 있었습니다. 이에 따라서 두 학생을 추가 인터뷰를 해 보았습니다.

〈표 2-16〉 인문고전의 효과(배경지식)

구분		매우 그렇다	그렇다	보통이다	그렇지 않다	전혀 그렇지 않다	합계
A반 (통제 집단)	9월 (N=25)	2	14	7	2	0	25
		8%	56%	28%	8%	0	100
	12월 (N=23)	2	14	7	0	0	23
		9%	61%	30%	0	0	100
	변화치(%)	+ 1	+ 5	+2	-8	-	
B반 (실험 집단)	9월 (N=24)	5	12	6	1	0	24
		21%	50%	25%	4%	0	100
	12월 (N=24)	6	13	4	0	1	24
		25%	54%	17%	0	4%	100
	변화치(%)	+4	+4	-8	-4	+4	

명심보감을 보고, 처음엔 어려울지 알았는데, 계속하니 재미있었고, ㉠명심보감에 대해서 많이 배울 수 있었습니다.(B반-학생-J)

저는 명심보감을 읽으면서 명심보감 ㉡책안에는 많은 지혜가 있다고 생각했습니다. 처음에는 읽기가 귀찮았는데, 계속 읽다보니 생각보다 그리 많이 어렵지는 않았습니다.(A반-학생-P)

위 인용문의 P학생은 한 달에 평균 10권의 책을 읽습니다. 이는 반평균에 해당합니다. 게다가 인문고전 목록 중 19권을 읽었다고 보고하였습니다. 인문고전의 경험에 의해서는 상 수준에 해당한다고 할 수 있습니다. 인문고전의 효과에 대한 인식을 묻는 문항(1번, 2번, 4번, 15번)의 답에 모두 긍정적으로 기재하였습니다. 특히 명심보감에 대한 인식도 변화하고, 명심보감을 통해 지혜 등의 배경지식을 학습한 효과를 보고하고 있습니다(㉡).

한편, J학생은 한 달에 평균 3권의 책을 읽고, 인문고전 목록 중 7권을 읽었다고 보고하였습니다. 반평균에 다소 못 미치는 수준이었습니다. J학생도 인문고전의 효과에 대한 인식을 묻는 문항(1번, 2번, 4번, 15번)의 답에 모두 긍정적으로 기재하였습니다. 특히 명심보감에 대한 인식변화와 더불어 명심보감을 통해 배경지식이 확대된 것을 보고하고 있었습니다(㉠).

③ 적용한 인문고전 독서방법에 대한 인식

인문고전의 독서방법에 대한 인식은 7번 문항 '학생 수준에 맞게 바꾼 것을 읽어야 한다', 8번 문항 '필사하면서 읽는 것이 좋다', 9번 문항 '천천히 생각하면서 읽는 것이 좋다', 11번 문항 '토론하면서 읽는 것이 좋다'의 결과를 살펴보았습니다.

7번 문항의 경우 A와 B반 공통적으로 학생 수준에 맞게 변환된 텍스트를 제공하는 것을 필요로 하였습니다. 특히 B반의 경우는 그 변화정도가 +41%나 되었습니다. 명심보감을 학생의 수준과 맥락에 맞게 변환해서 제공해야할 필요가 있다는 것을 도출할 수 있는 대표적인 장면입니다. 그러나 특이한 사례로 B반의 '학생 S'의 경우에는 9월에는 '매우 그렇다'라고 답변했다가 12월에는 '보통이다'로 다른 학생들과 다른 변화의 경향을 보였습니다. 그래서 추가 인터뷰를 실시하였습니다.

〈표 2-17〉 인문고전의 독서 방법 (학생수준에 맞게 변환된 텍스트 제공)

구분		매우 그렇다	그렇다	보통이다	그렇지 않다	전혀 그렇지 않다	합계
A반 (통제 집단)	9월 (N=25)	5	12	6	2	0	25
		20%	48%	24%	8%	0%	100
	12월 (N=23)	3	16	4	0	0	23
		13%	70%	17%	0%	0%	100
	변화치(%)	-7	+22	-7	-8		

구분		매우 그렇다	그렇다	보통이다	그렇지 않다	전혀 그렇지 않다	합계
B반 (실험 집단)	9월 (N=24)	3 13%	3 13%	12 50%	4 16%	2 8%	24 100
	12월 (N=24)	5 21%	12 50%	6 25%	1 4%	0 0%	24 100
	변화치(%)	+7	+37	−25	−12	−8	

한 학기동안 명심보감을 읽으면서 ㉠처음에는 <u>많이 어려웠는데,</u>
<u>점점 정리하다보니까 익숙해지고</u> 주요 문장을 찾기도 쉬워져서
즐겁게 쉽게 할 수 있었습니다.(B반-학생 -S)

 S학생의 경우는 1달에 읽는 책의 권수는 반평균보다 부족하지만,
읽은 인문고전의 권수는 반평균보다 높은 특징이 있었습니다. S학
생은 2학기 활동을 통해서 명심보감의 언어가 처음에는 어려웠지
만, 차츰 그 언어에 적응되었다고 보고하고 있습니다(㉠). 학생 수
준에 맞게 원문을 변환할 필요는 있지만, 그 원문 자체를 경험하는
것도 의미가 있을 수 있다는 것을 도출할 수 있는 부분입니다.
 8번 문항의 경우 필사를 하지 않은 A학급의 경우에는 필사가 적
절하지 않다가 13%가 증가한 것에 비해, 필사를 한 B학급의 경우
에는 필사를 긍정적으로 보는 경향에서 큰 변화가 없었습니다.

<표 2-18> 인문고전의 독서 방법 (필사하기)

구분		매우 그렇다	그렇다	보통이다	그렇지 않다	전혀 그렇지 않다	합계
A반 (통제 집단)	9월 (N=25)	3 12%	4 16%	16 64%	2 8%		25 100
	12월 (N=23)	1 4%	6 26%	11 49%	4 17%	1 4%	23 100
	변화치(%)	− 9	+ 10	−15	+9	+4	
B반 (실험 집단)	9월 (N=24)	5 21%	11 46%	6 25%	1 4%	1 4%	24 100
	12월 (N=24)	5 21%	12 50%	6 25%	1 4%		24 100
	변화치(%)	0	+4	0	0		

특이한 사례로 8번 문항에 대해서 9월에는 '보통이다'로 적었지만, 12월에는 '매우 그렇다'로 적은 K학생을 추가 인터뷰 하였습니다.

명심보감은 좋은 책인 것 같습니다. ㉠적으면서 하니, 기억하는 것과 지식에 도움이 되었습니다. 명심보감을 5학년들에게 추천하고 싶습니다.(B반-학생-K)

K학생의 경우도 1달에 읽는 책의 권수는 반평균보다 부족하지만, 읽은 인문고전의 권수는 반평균보다 높은 특징이 있었습니다. K학생은 필사가 기억과 지식형성에 긍정적인 도움을 주었다고 보고하

고 있습니다(ⓒ). A학급과 B학급의 비교를 통해서, 필사에 대해서 막연한 불안감은 실제로 필사를 해 보는 경험을 통해서 해소될 수 있다는 것을 도출할 수 있었습니다.

다음으로 9번 문항의 경우 '사색하기'에 대한 질문이었습니다. '사색하기'를 하지 않은 A학급에서 사색하기에 대한 긍정적인 생각이 큰 폭으로 줄어든 것을 확인할 수 있었습니다. 이에 비해서 '사색하기'를 실시한 B학급에서는 전체적으로 볼 때 긍정적인 생각이 증가한 것을 확인할 수 있습니다. 인문고전을 일반적인 접근 방식으로 독서를 할 때에는 깊고 천천히 사색하는 것을 하지 않는다는 것을 추론할 수 있는 결정적인 장면이라고 생각할 수 있습니다. 이와 관련해서 9월에 비해서 12월에 '사색하기'의 효과에 대해서 높게 인정한 L학생과 S학생에 대해서 추가 인터뷰를 실시하였습니다.

〈표 2-19〉 인문고전의 독서 방법 (사색하기)

구분		매우 그렇다	그렇다	보통이다	그렇지 않다	전혀 그렇지 않다	합계
A반 (통제 집단)	9월 (N=25)	11	8	5	1		25
		44%	32%	20%	4%		100
	12월 (N=23)	5	11	7			23
		22%	48%	30%			100
	변화치(%)	-22	+16	+10	-4		
B반 (실험 집단)	9월 (N=24)	10	6	6	2		24
		42%	25%	25%	8		100
	12월 (N=24)	7	12	5	0		24
		29%	50%	21%			100
	변화치(%)	-13	+25	-4			

정말 교육적이었습니다. 그런데 ㉠깊게 생각하는 것이 정말 힘이 들었습니다. 정말 힘들었지만 지식이 머리에 쏙쏙 들어오는 것 같아 정말 재미있고 즐거웠습니다.(B반-학생-L)

저는 명심보감을 읽으면서 ㉡최근 여러 가지 생각이 들기 시작했습니다. 효도, 사회생활, 친구와의 관계 등 명심보감을 통해 전보다는 전체적으로 나아진 것 같습니다. 처음에는 지루하고 재미었었지만 계속 참고 하다 보니 계속 읽게 되었습니다. 비록 ㉢지금까지 이해하지 못한 내용도 있지만 내가 읽은 책 중에서 제일 도움이 되었고 시간이 아깝지가 않았습니다.(B반-학생-S)

L학생은 한 달에 책을 거의 읽지 않지만 그동안 읽었던 인문고전의 권수는 10권으로서 평균적인 수준이었습니다. L학생은 인문고전을 천천히 깊게 생각하며 읽는 것이 지식의 획득에 도움이 되었다고 보고하고 있습니다(㉠). S학생은 한 달에 읽는 책의 권수가 10권으로 평균에 해당하지만, 인문고전 목록 중에 읽은 책은 3권 정도인 특이한 사례였습니다. 인문고전 이외의 책을 읽고 있는 것입니다. S학생은 여러 가지 분야에 대해서 이전과는 다른 생각을 하게 되었고(㉡), 자신이 명심보감을 잘 이해하고 있는 못한 부분도 있다는 것을 깊이 사고하고 있었습니다(㉢).

다음으로 11번 문항의 경우 '토론하기'에 대한 질문이었습니다. 두 집단 모두 '토론하기'에 대한 긍정적인 반응을 보여주었습니다. 토론하기에 대해서 긍정적인 생각이 큰 폭으로 증가한 P학생과 W

학생에 대해서 추가 인터뷰를 실시하였습니다.

<표 2-20> 인문고전의 독서 방법 (토론하기)

구분		매우 그렇다	그렇다	보통이다	그렇지 않다	전혀 그렇지 않다	합계
A반 (통제 집단)	9월 (N=25)	1	3	15	5	1	25
		4%	12%	60%	20%	4%	100
	12월 (N=23)	2	6	12	3		23
		9%	26%	52%	13%		100
	변화치(%)	+5	+14	-8	-7	-4	
B반 (실험 집단)	9월 (N=24)	3	8	9	2	2	24
		13%	33%	38%	8%	8%	100
	12월 (N=24)	6	7	6	3	2	24
		25%	29%	25%	13%	8%	100
	변화치(%)	+12	-4	-13	+5	0	

친구들과 토론을 하며 재미있게 읽어서 재미가 너무너무너무너무 너무너무 있었습니다.(B반-학생-P)

명심보감 필사가 너무 틀에 갇혀 형식을 갖춰하다 보니 지루한 것 같다. 주제에 맞게 토의토론하며 명심보감을 하면 재미도 있고 학생도 많이 참여할 것 같다.(B반-학생-W)

P학생은 최근에는 매달 책을 읽지 않지만, 인문고전 목록 중에서는 14권의 책을 읽은 경험이 있었습니다. W학생은 한 달에 5권을

읽으며, 인문고전은 16권 정도 읽은 경험을 가지고 있었습니다. P학생은 인문고전을 통해서 토론을 하는 것의 즐거움을 보고하였고, W학생은 좀 더 토의토론의 비중이 높았으면 하는 바람을 보고하였습니다.

나) 교사

교사 대상의 설문조사는 12월말에 실시하였습니다. 설문조사는 크게 인문고전에 대한 인식에 대한 11문항, 인문고전의 효과에 대한 인식 10문항, 인문고전의 독서방법에 대한 인식 15문항으로 구성되어있습니다. 교사 설문은 실험집단과 통제집단의 담임교사를 대상으로 한 것이기 때문에, 전체 교사집단의 인식을 대표한다고는 할 수 없습니다. 다만, 인문고전 독서방법에 대한 효과를 간접적으로는 확인할 수 있습니다. 따라서 총 36개의 문항들 중에서 학생의 인식과 연계되는 문항을 중점적으로 다루기로 하였습니다.

① 인문고전에 대한 인식

인문고전에 대한 인식은 1-1번 문항 '인문고전은 딱딱하고 지루해서 읽기 어렵다', 1-9번 문항 '인문고전은 재미있고 읽기가 쉽다'를 초점화해서 살펴보았습니다. 이때 인문고전 독서방법을 1학기 동안 적용한 시점에서 실시한 설문이라는 것을 고려하면서 살펴볼 필요가 있습니다. 두 담임 교사 분들은 설문 지면상에서는 공통적으로 인문고전은 재밌다기보다는 딱딱하고, 쉽다기보다는 어렵다는 인식을 보여주셨습니다. 상대적으로 인문고전 프로그램을 적용한 B반의 선생님께서 1-1번 문항에 '그렇다'에 기재한 것에 대해서 추가 인터뷰를 실시하였습니다.

〈표 2-21〉 인문고전에 대한 인식

구분		매우 그렇다	그렇다	보통이다	그렇지 않다	전혀 그렇지 않다
1-1번 문항	A반 교사	0				
	B반 교사		0			
1-9번 문항	A반 교사					0
	B반 교사					0

명심보감을 ㉠읽기 전에는 명심보감은 어렵고 딱딱한 책이라고 생각했는데, 명심보감을 읽고 나서 두고두고 보고 싶은 책으로 명심보감에 대한 인식이 바뀌었습니다. 그리고 인문고전을 읽어야 되겠다는 동기나 필요성을 느꼈습니다.(B반 담임교사)

학생들이 인문고전에 대한 관심을 갖는 것만으로 충분히 만족을 합니다. 인문고전은 마냥 어렵다는 생각을 갖고 있었는데 ㉡인문고전이 재미있을 수 있다는 학생들의 인식전환이 이루어져서 참 좋은 것 같습니다.(B반 담임교사)

B반 선생님은 12월말에도 명심보감이 '어렵고 딱딱한 책'에서 '두고 보고 싶은 책'으로 변화했다는 의미 있는 지점을 말씀해주셨습니다(㉠). 인문고전은 여전히 어렵고 딱딱한 책이라는 속성은 그대로 가지고 있지만, 또 다른 시각을 갖게 되신 것입니다. 우리들이 생각하는 '재미'가 어떤 속성인가를 조금 성찰하게 하는 장면이었습니다.

진짜 '재미'가 무엇인지 그 의미에 대해서 함께 의논해 보아도 좋다고 생각하게 되었습니다. 학생들이 생각하는 '재미'가 게임이나 방송프로그램들에 나타난 요소들이었고, 이를 인문고전에서 찾으려고 하지는 않았는지를 생각하게 되었습니다(㉡). 그러나 나니아 연대기, 반지의 제왕, 해리포터 시리즈 등에 숨어있는 인문고전의 요소가 그 재미를 더 돋보이게 했다는 사실을 찾아보는 활동도 가능하리라고 생각하게 되었습니다.

② 인문고전의 효과에 대한 인식

인문고전에 대한 인식은 2-1번 문항 '인문고전을 읽으면 사고력이 확장된다', 2-4번 문항 '인문고전을 읽으면 배경지식이 많아진다'를 초점화해서 살펴보았습니다. 12월 말에 두 분의 담임교사들은 인문고전이 사고력과 배경지식에 긍정적인 영향을 준다고 판단하고 있었습니다. 그 판단의 근거를 확인하기 위해서 추가적인 인터뷰를 실시해 보았습니다.

구분		매우 그렇다	그렇다	보통이다	그렇지 않다	전혀 그렇지 않다
2-1번 문항	A반 교사	0				
	B반 교사	0				
2-4번 문항	A반 교사	0				
	B반 교사	0				

인문고전에 대한 재미를 느끼면서 ㉠사고방식이 건전해지고 토론 능력이 증진된 것 같습니다. 또한 학습능력이나 집중력이 많이 좋아졌습니다. 화요일하고 목요일 이틀에 걸쳐서 명심보감을 읽었는데 화요일과 목요일에 명심보감 읽기 활동을 한 후에는 수업태도가 달라지고 진지해졌습니다. 주로 자기주도학습능력과 독서능력이 우수한 학생들이 반 분위기를 이끌었고 다른 학생들은 그 분위기에 편승해서 학습태도가 덩달아 좋아졌습니다.(B반 담임교사)

학생들이 인문고전 12장을 읽었습니다. 이 결과, 배경지식의 변화를 양적 방식으로 측정하는 것은 큰 의미가 없을 수 있습니다. 인문고전의 독서량이 더 쌓인 후에 배경지식에 대한 실증적인 변화는 검증이 가능하리라고 생각합니다. 다만 ㉠의 답변이 상당히 흥미로웠습니다. B반 선생님은 인문고전을 통해서 이루어지는 사고력의 변화는 '건전함'을 함께 이끈다는 생각을 하게 되신 것입니다.

③ 적용한 인문고전 독서방법에 대한 인식

적용한 인문고전 독서방법에 대한 인식은 4-4번 4-5번, 4-6번, 4-8번, 4-9번 문항을 초점화해서 살펴보았습니다.

〈표 2-23〉 인문고전의 독서 방법

구분		매우 그렇다	그렇다	보통 이다	그렇지 않다	전혀 그렇지 않다
4-4번 문항 (학생 수준에 맞게 편집)	A반 교사	O				
	B반 교사		O			
4-5번 문항 (필사하기)	A반 교사		O			
	B반 교사				O	
4-6번 문항 (토론하기)	A반 교사	O				
	B반 교사	O				
4-8번 문항 (사색하기)	A반 교사	O				
	B반 교사		O			
4-9번 문항 (일반 독서방법)	A반 교사				O	
	B반 교사			O		

두 선생님들은 학생 수준에 맞게 인문고전의 텍스트 수준을 편집해서 주는 것을 중요하게 생각하고 있었습니다. 특히 독서력과 자기주도력과 관련해서 모든 학생들이 인문고전을 원문이나 번역 그대로 읽는 것에 대한 문제점을 제시하고 있었습니다. 이와 관련된 인터뷰 내용은 다음과 같습니다.

우리 반에 자기주도적 학습능력 및 독서능력이 뛰어난 학생들이 6~7명 정도 있습니다. 이 학생들은 처음부터 끝까지 꾸준하게 교사의 지도나 도움 없이도 <u>스스로</u> 동기부여를 하면서 명심보감 읽기 활동에 적극적으로 참여를 했습니다. 다음으로 자기주도적 학습능력과 독서능력이 중간 정도인 대다수의 중위권 학생들은 교사의 지도 여부에 따라서 이끌어 주면 적극적으로 참여하는데 교사의 지도가 부족하면 명심보감을 잘 읽지 않고 의무적으로 읽는 태도가 역력했습니다. 자기주도적 학습능력과 독서력이 현저하게 떨어지는 2명 학생의 경우에는 <u>**일반책 읽기도 안 되는 상황에서 명심보감의 기초 내용도 잘 이해하지 못했습니다.**</u>(B반 담임교사)

또한, 4-9번 문항의 답변을 통해서 인문고전을 읽는 '다른 방법'이 필요하다고 인식하는 것을 확인할 수 있었습니다. 그것이 토론(4-6번)과 사색(4-8번)의 형태였지만, 예상과는 달리 필사(4-5번)는 실험학급의 선생님이 부정적인 의견을 보여주었습니다. 이는 필사의 작업에 대해서 학생들이 보여준 싫증에 대한 고려라고 판단되었습니다. 이와 관련된 인터뷰 내용은 다음과 같습니다.

연구자: 학생들은 필사하기-질문하기-연결하기-성찰하기 부분에서 어떤 부분에 가장 흥미가 있었습니까?
B반 담임 교사: 질문하기에 매우 적극적이었습니다. 그리고 성찰하기에 나름 흥미를 보였습니다. 특히나 명심보감을 자신이 주인

이 되어서 새로 쓸 때 재미있어 했습니다.

연구자: 어떤 부분을 힘들어 했나요?

B반 담임 교사: **명심보감을 반복적으로 필사하면서 읽다보니 싫증을 느끼는 친구들이 있었습니다.** 또한 연결하기를 매우 어려워 했습니다. 교사의 지도가 특히나 필요한 부분이 연결하기 단계인 것 같습니다. 학생들이 명심보감의 내용과 현대의 시사적인 부분을 연결시켜서 생각해야 되는데 학생들의 배경지식이 부족하고 자기 경험이 부족해서 그런지 연결을 잘 하지 못했습니다.

두 학급의 선생님들은 공통적으로 명심보감을 학생들과 함께 필사하고, 사색하고, 연결하지는 못한 상황이었습니다. 이에 따라서 위와 같은 반응은 직접 겪어보지 못한 상황에서 학생들의 반응에 대한 간접적인 평가라는 한계를 가지고 있습니다.

다) 학부모

학부모 대상의 설문조사는 12월 마지막 주에 1주간 실시되었습니다. 지면으로 출력해서 가정에 배주되 설문지는 A반은 24부(100%), B반은 16부(67%)가 회수되었습니다(회수율 60%). 설문조사는 크게 인문고전에 대한 인식에 대한 11문항, 인문고전의 효과에 대한 인식 10문항, 인문고전의 독서방법에 대한 인식 15문항으로 구성되어있습니다. 학부모 설문은 실험집단과 통제집단의 학부모만을 대상으로 한 것이기 때문에, 전체 학부모집단의 인식을 대표

한다고는 할 수 없습니다. 다만, 인문고전 독서를 1학기 동안 관찰한 학부모의 의견을 귀담아 들을 수는 있습니다. 따라서 총 36개의 문항들 중에서 학생의 인식과 연계되는 문항을 중점적으로 다루기로 하였습니다.

① 인문고전에 대한 인식

인문고전에 대한 인식은 1-1번 문항 '인문고전은 딱딱하고 지루해서 읽기 어렵다'를 초점화해서 살펴보았습니다. 두 학급의 학부모님들이 응답의 비율이 비슷한 것으로 확인할 수 있었습니다. 앞부분의 교사 설문과 연계해서 살펴보면, 부모님이나 담임선생님들이나 인문고전은 지루하고 어려운 것이라는 공통적인 인식을 하고 있는 것입니다.

<표 2-24> 인문고전에 대한 인식

구분		매우 그렇다	그렇다	보통이다	그렇지 않다	전혀 그렇지 않다	합계
1-1번 문항	A반 학부모 (N=24)	0	12	8	3	1	24
			50%	33%	13%	4%	100
	B반 학부모 (N=16)	0	8	5	2	1	16
			50%	31%	13%	6%	100

② 인문고전의 효과에 대한 인식

인문고전에 대한 인식은 2-1번 문항 '인문고전을 읽으면 사고력이 확장된다', 2-4번 문항 '인문고전을 읽으면 배경지식이 많아진다'를 초점화해서 살펴보았습니다. 이 부분도 두 학급의 학부모님들이 응답의 비율이 비슷한 것으로 확인할 수 있었습니다. 앞부분의 교사 설문과 연계해서 살펴보면, 사고력과 배경지식의 함양에 관해서는 공통된 인식을 하고 있었습니다.

〈표 2-25〉 인문고전의 효과에 대한 인식

구분		매우 그렇다	그렇다	보통이다	그렇지 않다	전혀 그렇지 않다	합계
2-1번 문항	A반 학부모 (N=24)	2	16	6	0	0	24
		8%	67%	25%	0	0	100
	B반 학부모 (N=16)	2	9	5	0	0	16
		13%	56%	31%	0	0	100
2-4번 문항	A반 학부모 (N=24)	2	18	3	1	0	24
		8%	75%	13%	4%	0	100
	B반 학부모 (N=16)	1	11	4	0	0	16
		6%	69%	25%	0	0	100

③ 적용한 인문고전 독서방법에 대한 인식

적용한 인문고전 독서방법에 대한 인식은 4-4번, 4-5번, 4-6번, 4-8번, 4-9번 문항을 초점화해서 살펴보았습니다. 첫째, 학부모님들은 공통적으로 인문고전을 학생수준에 맞게 편집해서 자녀들에게 제공해야한다는 의견을 가지고 있었습니다. 명심보감으로 1년간 방법적용을 한 B반 학부모의 경우는 상대적으로 명심보감의 언어 그대로 보는 것에 대한 거부감이 적은 것을 확인할 수 있습니다. 둘째, '필사하기'에 대해서는 두 학급의 학부모 모두 효과적이지 않다는 생각이 있었습니다. 셋째, '토론하기'와 '사색하기'에 관해서는 두 학급의 학부모 모두 긍정적으로 생각하고 있었습니다. 넷째, 학부모님들은 인문고전에 맞는 독서방법이 따로 있다기보다는 읽는 것만으로도 효과적일 수 있다고 생각하고 있었습니다.

〈표 2-26〉 인문고전의 독서 방법

구분		매우 그렇다	그렇다	보통이다	그렇지 않다	전혀 그렇지 않다	합계
4-4번 문항 (학생 수준에 맞게 편집)	A반 학부모 (N=24)	1	16	5	2	0	24
		4%	67%	21%	8%	0%	100
	B반 학부모 (N=16)	2	3	9	1	1	16
		13%	19%	56%	6%	6%	100
4-5번 문항 (필사하기)	A반 학부모 (N=24)	1	2	14	7	0	24
		4%	8%	59%	29%	0%	100
	B반 학부모 (N=16)	1	3	8	4	0	16
		6%	19%	50%	25%	0%	100
4-6번 문항 (토론하기)	A반 학부모 (N=24)	1	10	10	3	0	24
		4%	42%	42%	12%	0%	100
	B반 학부모 (N=16)	1	5	7	3	0	16
		6%	31%	44%	19%	0%	100

구분		매우 그렇다	그렇다	보통이다	그렇지 않다	전혀 그렇지 않다	합계
4-8번 문항 (사색하기)	A반 학부모 (N=24)	2	16	5	1	0	24
		8%	67%	21%	4%	0%	100
	B반 학부모 (N=16)	3	6	5	1	1	16
		19%	37%	32%	6%	6%	100
4-9번 문항 (일반 독서방법)	A반 학부모 (N=24)	0	8	13	3	0	24
		0%	33%	54%	13%	0%	100
	B반 학부모 (N=16)	1	2	11	1	1	16
		6%	13%	69%	6%	6%	100

2) 명심보감의 메모 분석

　명심보감의 메모분석은 다음과 같은 형태로 진행하였습니다. 'O' 표시는 이해와 수용이 가능한 것, '△'표시는 이해와 수용에 관해서 질문이 생기는 것, '×'표시는 이해와 수용이 되지 않는 것입니다. 예를 들면, 아래의 〈표 2-27〉에서 박00학생이 '×××△O'한 것은 세 번까지 읽으면서는 이해가 되지 않다가, 네 번째에 질문을 갖고 토론을 한 후에 다섯 번째에는 이해와 수용이 되었다는 것을 뜻합니다. 이런 형태로 두 학급의 결과를 199개의 구절을 워드프로그램으로 옮긴 후, 학생들이 책에 표시한 것을 옮겨서 기록하였습니다. A4용지로 100쪽에 해당하는 1차 데이터가 모였습니다.

<표 2-27> 인문고전의 독서 방법

구분	한OO	신OO	박OO
멀리 있는 물이 가까운 불을 끄지 못하듯 멀리 있는 친척은 가까운 이웃만 못하다.	○	○	○
해와 달이 비록 밝지만 엎어놓은 단지 밑은 비추지 못하듯이 칼날이 비록 날카롭지만 죄 없는 사람은 베지 못하며 나쁜 재앙과 횡액은 조심하는 집 문에는 들어가지 못한다.	○	△○	×××△○
기름진 땅 만경을 가지느니 보잘것없는 재주라도 한 가지 몸에 있는 게 낫다	○	×○	○
사물을 접하는 요체는 자기가 하기 싫은 일을 나에게 베풀지 않는 것과 실행하고도 결과를 얻지 못하면 자기 자신에게 그 원인을 찾는 일이다.	○	×△△○	○
술 여색 재물 기운의 네 담장 안에 잘난 사람 못난 사람 행랑에 앉아 있네 세상 사람들이 그곳을 뛰쳐나오면 그게 바로 신선이요 죽지 않는 처방이네	○	○	○

〈표 2-27〉과 같이 정리한 것을 다시 재구조화하는 작업을 하였습니다. 첫 번째로는 각 구절별로 1번째에 이해, 2번째에 이해, 3번째에 이해, 4번째에 이해, 5번째에 이해도를 확인해 보았습니다. 그 구절에서 A와 B학급에 1명이라도 2번째에 이해했다면 해당 구절은 '2번째에 이해'로 기재하는 방식으로 진행하였습니다. 그 결과 다음과 같이 표로 정리할 수 있었습니다.

<표 2-28> 이해도 분석결과 1

구분	1번에 이해	2번에 이해	3번째 이해	4번째 이해	5번째 이해	기타	합계
1편 계선 (착함을 잇는다)	3	4		1	2		10
제2편 천명 (하늘의 명)		3	3		1		7
제3편 순명 (천명에 순응하라)		2	2	1			5
제4편 효행 (효도와 행실)	2	2	2				6
제6편 안분 (분수에 편안하라)	1	5	1				7
제5편 정기 (몸을 바르게 하다)	1	12	9	4			26
제7편 존심 (마음을 보존하라)	3	7	4	6			20
제8편 계성 (성품을 경계하라)	2	4	1	1		1	9
제9편 근학 (부지런히 배워라)	1	3	1		3		8
제10편 훈자 (자식을 가르쳐라)	1	7	2				10
제11편 성심 상 (마음을 살펴라)	17	24	8	5	2		56
제12편 성심 하 (마음을 살펴라)	6	20	4	3	2		35
총합	37	93	37	21	10	1	199
	18.6%	47.2%	18.6%	10.5%	5%	0.1%	100

이 결과는 다음과 같이 그래프로 표현할 수 있습니다. 여기에서 도출할 수 있는 결과는 크게 두 가지 입니다. 첫째, 6학년 두 학급의 모든 학생들 '18.6%'의 명심보감 글귀는 한 번에 이해하고 수용

할 수 있는 것들이라는 사실입니다. 두 번째 읽을 때에는 65.8%의 글귀를 이해했고, 세 번째 읽을 때에는 84.4%의 글귀를 이해했고, 네 번째 읽을 때에는 94.9%의 글귀를 이해했습니다. 이는 인문고전 전체가 '어려운 글'이라는 도식을 성찰할 수 있는 계기가 되는 장면입니다. 다양한 수준과 독서경험을 가지고 있는 학생들이 명심보감을 충분히 생각하며 읽으면, '5번'이라는 숫자 안에 99%의 글귀의 의미를 수용하고 이해할 수 있었다는 사실입니다.

둘째, 우리가 하나의 글을 이해하기 위해서 몇 번을 생각하며 다시 읽는 경험을 해왔는지에 대해서 성찰할 수 있는 장면입니다. 인문고전을 한 번에 읽고 이해하려는 우리의 독서습관에 대해서 깊이 반성을 하게 된다는 것입니다. 인문고전은 급한 마음으로 그 뜻을 이해하려고 하기보다는 몇 번을 곱씹으면서 오래두고 보아야 한다는 것을 다시 생각하게 되는 부분입니다.

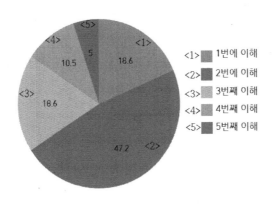

[그림 2-8] 명심보감에 대한 학생들의 이해도

다음은 인문고전 읽기 방법을 적용한 B반과 전체평균을 비교한 것입니다. 확연하게 구분되는 것은 인문고전에 '필사-질문-토론-연결-실천하기'의 과정을 거치고 나서, 2번째 다시 읽을 때에 이해한 학생의 수가 크게 증가했다는 것을 확인할 수 있습니다. 이 책에서 함께 구안한 인문고전 독서방법 나름의 효과를 확인할 수 있는 부분이기도 합니다.

〈표 2-29〉 이해도 분석결과 2

구분	1번째 이해	2번째 이해	3번째 이해	4번째 이해	5번째 이해	기타	합계
전체평균	37	**93**	37	21	10	1	199
B반	35	**147**	12	5	0	0	199
차이값	-2	+54	-25	-16	-10	-1	

물론, '필사-질문-토론-연결-실천'의 과정에서 해당 구절을 여러 번을 읽거나 할 수 있습니다. 여기에서 '1번째-2번째-3번째....'라는 것은 시간적 간격을 두고 다시 읽은 것을 말하고 있습니다.

그밖에 학생들이 4-5번째 읽어도 이해가 되지 않거나, 수용이 되지 않는 구절에 대한 해석은 다음 장을 보면 확인할 수가 있습니다. 확인한 결과, 이는 과거 명심보감을 작성한 시대와 현 시대의 배경이나 상황이 달라서 발생한 부분입니다. 이러한 내용은 학생들이 적극적으로 토론하고 현시대적 관점에서 인문고전을 수정할 수 있는 좋은 자료라고도 할 수 있겠습니다.

이와 연관해서 모든 학생들이 한 번에 이해한 구절의 예는 다음과 같습니다. 이와 같은 구절은 시간이 더 흐른다고 해도, 학생들이 이해하고 수용하기에 큰 어려움이 없으리라고 판단됩니다. 또한 같은 관점에서 6학년보다 좀 더 저학년에서도 충분히 이해가능하리라고 판단이 됩니다.

○ 다른 사람을 탓하기만 하는 사람은 사람들과 제대로 사귀지 못하고 자신을 용서하기만 하는 사람은 허물을 고치지 못한다.

○ 한순간의 분노를 꾹 눌러 참으면 백날 동안의 근심을 면하리라

○ 앞으로 올 날을 알고 싶거든 이미 지나간 날들을 살펴보라.

○ 의심스러운 사람은 쓰지 말고, 일단 사람을 믿고 썼으면 의심하지 말라.

그러나 많은 학생들이 한 번에 이해하지 못한 구절의 예는 다음과 같습니다. 제시한 방법은 책에 등장하는 순서대로 하였습니다. 문장 끝에 괄호 안에 숫자는 그 구절을 한 번에 이해하지 못한 학생들의 수를 나타냅니다.

㉠ 하늘은 고요하여 소리가 없어 푸르고 푸르른 데 어디에서 찾을까 높지도 않고 멀지도 않아 사람의 마음이 그곳이라네.(8명)

㉡ 때를 만나면 왕발이 순풍을 타고 하룻밤에 칠백 리를 가서

등왕각의 서문을 지어 천하에 이름을 날리듯 일이 잘 풀리고, 운수가 나쁘면 어떤 사람이 탁본을 하러 천신만고 끝에 수천 리를 갔지만 그날 밤 천복비에 벼락이 쳐서 비석이 깨지듯이 온갖 노력에도 불구하고 일이 수포로 돌아간다.(6명)

ⓒ 대장부는 다른 사람을 포용해주지 다른 사람에게 포용되지 않는다.(7명)

ⓔ 심하게 화를 내면 기운이 상하고 지나치게 생각이 많으면 정신이 상한다. 정신이 피곤하면 마음이 쉽게 지치고 기운이 약해지면 병이 따라 생긴다. 지나치게 슬퍼하거나 기뻐하지 말고 모름지기 음식을 고르게 먹어라. 밤에 술 취하는 것을 두 번 세 번 거듭 금지하며 무엇보다도 새벽에 화내는 것을 경계하라.(6명)

ⓜ 여색 피하기를 원수 피하듯이 하고 바람 피하기를 화살 피하듯이 하라. 빈속에는 차를 마시지 말고 밤중에는 밥을 적게 먹어라.(6명)

ⓗ 다른 사람의 오이밭 가에서 신을 고쳐 신지 말고 오얏나무 아래에서 갓을 고쳐 쓰지 말라.(6명)

ⓢ 마음은 편안하더라도 몸은 힘들게 해야 한다. 정신은 즐겁더라도 육신은 근심하게 해야 한다. 몸이 힘들지 않으면 게으름에 빠져 허물어지기 쉽고 육신이 근심하지 않으면 방종에 빠져 바로잡기 어렵다. 그러므로 편안함은 힘든 가운데 생겨나 항상 기쁠 수 있고 즐거움은 근심하는 가운데 생겨나 싫증이 없을 수 있다. 편안함과 즐거움을 추구하는 사람이라면 육신

의 근심과 몸의 힘듦을 잊어선 안 될 것이다.(8명)

◎ 공자의 제자인 재여가 낮잠을 자고 있었다. 이것을 보고 공자께서 말씀하셨다. "썩은 나무는 조각할 수 없고 더러운 흙으로 담은 흙손질을 할 수 없다."(8명)

㉯ 분수에 편안하면 몸에 치욕이 없고 조짐을 알면 마음 절로 한가하리. 몸은 비록 이 세상에 살고 있으나 마음은 도리어 이 세상을 벗어난다네.(6명)

㉴ 아무도 보지 않는 밀실에 앉아 있어도 툭 트인 네거리에 앉아 있듯이 하고, 작은 마음 쓰기를 여섯 필 말을 부리듯이 하면 허물을 피할 수 있다.(7명)

㉠ 부귀를 지혜와 힘으로 구한다면 공자도 젊어서 제후가 됐을 텐데 세상사람 하늘의 뜻 이해 못해서 부질없이 밤늦도록 근심만 하네.(6명)

㉢ 배우기를 두루두루 하고 뜻을 돈독히 하며 묻기를 간절히 하고 생각을 가까이 있는 것부터 하나하나 해나가라. 인은 그 가운데 있다.(6명)(한자어 병기)

㉲ 사람이 배우지 않음은 아무런 재주 없이 하늘에 오르려는 것과 같다. 배워서 지혜가 깊어짐은 상서로운 구름을 헤치고 푸른 하늘을 바라보는 것과 같고 높은 산에 올라가 온 세상을 내려다보는 것과 같다.(2명이지만, 8번에 이해함)

㉳ 나무를 잘 기르면 뿌리가 튼튼하고 가지와 잎이 무성하여 기둥과 들보로 쓸 재목이 이루어진다. 물을 잘 관리하면 물의 근원이 왕성하고 흐름이 길어 관개의 이로움이 널리 베풀어

진다. 사람을 잘 기르면 뜻과 기운이 크고 식견이 밝아져서 충성스럽고 의로운 선비가 나오니 어찌 기르지 않겠는가.(6명)

이 내용들을 학생의 소감과 필사노트를 바탕으로, 학생의 입장에서 어떤 부분이 어려웠는지를 추론과 해석을 해 보았습니다. 이를 통해서 학생들이 명심보감의 한 구절을 이해하기 위해서는 '역사적 배경지식-과학적 배경지식, 한자어(어휘), 문학적 표현이해, 철학적 표현이해'와 같은 요소들이 병행되어야 한다는 것을 도출할 수 있었습니다. 명심보감을 제대로 이해하기 위해서는 그러한 배경지식이 함께 작용해야 한다는 것이며, 명심보감을 제대로 이해하려고 노력하는 과정에서 그러한 배경지식이 함양될 수 있다는 것입니다.

〈표 2-30〉 학생의 이해도 분석결과 3

역사적 배경지식	한자어	문학적 표현이해	철학적 표현이해	과학적 배경지식
㉤ ㉢ ㉠	㉣ ㉪	㉠ ㉥ ㉦ ㉧	㉡ ㉨ ㉩	㉢ ㉤

3) 성찰노트 내용 분석

B반 학생들의 성찰 노트의 분석은 〈표 2-10〉에서 제시한 질적 연구에서의 분석 방법(한유리, 2015)을 원용하여 전개하였습니다.

가) 자료를 읽으면서 전체적으로 이해하기

먼저 학생들이 필사노트에 작성한 내용을 함께 분석하기 위해서 한글 프로그램으로 옮겼습니다. 이는 학생들의 정서법 등의 요소가 코딩의 과정에서 오해를 일으키지 않도록 하고, 차후에 지속적으로 해당 내용을 분석하기 위한 방법입니다. 다음은 관련 장면입니다.

〈표 2-31〉 선정한 명심보감 책의 목차

필사하기	질문하기	연결하기	실천하기
사람들에게는 은혜와 의리를 베풀며 살아라. 사람이 살다 보면 어느 곳에서든 서로 만나기 마련이다. 사람들과 원수지간이 되지 말아라. 좁은 길에서 서로 만나면 피해가기 어렵다.(경행록)	사람들에게 피해가는 행동을 하면 언젠가 다른 사람에게 내가 피해가 온다는 걸까? 다른 사람에게 은혜나 의리를 베풀면 언젠가는 그 사람이 나에게 은혜를 베푼다는 건가?	은혜 갚은 호랑이에서 남자가 다친 호랑이를 도와주자 나중에 호랑이가 색시도 물어오고 먹을 것과 돈을 물어 와서 남자가 부자가 되었다. 흥부와 놀부에서 흥부가 다친 제비를 치료해 주자 제비가 박씨를 물어 왔다. 나중에 그 박에서 돈다발과 보석이 터져 나온다.	은혜를 베푼 사람과는 평생토록 의지하여 살지만, 원수를 진 사람과는 평생 동안 죽이면서 산다.

나) 떠오르는 아이디어는 분석 메모에 적으면서 정리하기

위 〈표 2-31〉의 과정을 거친 후에, 해당 내용을 반복해서 읽었습니다. 읽는 과정에서 떠오르는 생각 등을 아래의 [그림 2-9]와 같이 기록하였습니다. 이를 위해서 문서작성 프로그램의 메모장 기능을 활용하였습니다.

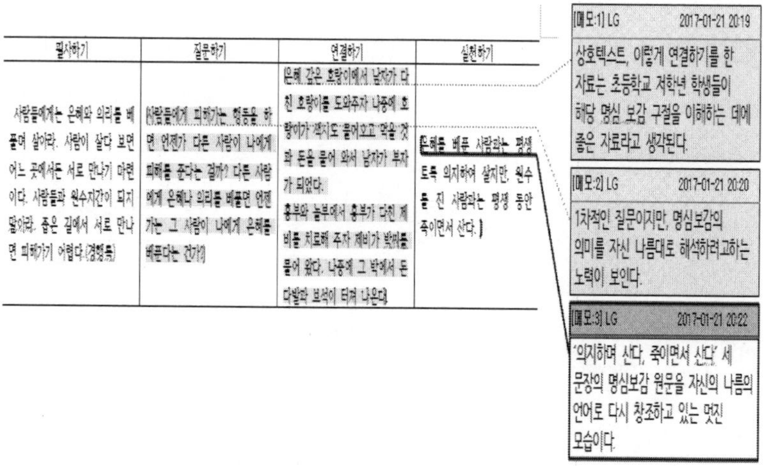

[그림 2-9] 분석 메모의 예

다) 여러 번에 걸쳐서 코딩과 범주화 작업을 하기

여기에서는 모든 학생 데이터를 다 수록하지 않고, 필사노트를 성실하게 작성한 학생 5명을 대상으로 분석하였습니다. 이 학생들은 각각 '학생 J, 학생 N, 학생 W, 학생 M, 학생 L'로 가명처리를 하였습니다.

① '질문하기'와 관련한 코딩과 범주화

'질문하기'와 관련된 기술적 코딩(descriptive coding)의 결과, 명심보감의 내용에 대한 '사실적 이해의 시도', '추론적 이해의 시도', '비판적 이해의 시도'로 범주화할 수 있었습니다. 이와 연관해서 주목할 만한 것은 크게 3가지를 도출할 수 있었습니다.

첫째, 학생들이 명심보감에 있는 기초한자어에 대한 '사실적 이해'의 부족이 나타났습니다. 외국어가 원문인 인문고전은 충분히 우리말로 번안해서 사용하거나, 아니면 두 언어를 병기하는 형태로 하는 것이 좋겠다는 판단을 하게 되었습니다.

둘째, 명심보감의 글 이면에 숨어있는 뜻을 파악하기 위한 '추론적 이해'의 시도가 나타났습니다. 문학적 표현이나 역사적 배경과 관련된 글귀는 그런 관점에서 이해할 수 있도록 배경지식을 찾아볼 수 있는 안내가 필요하리라고 판단하게 되었습니다.

셋째, 명심보감을 현재적 관점에서 꼬집어보는 '비판적 이해'의 시도가 나타났습니다. 철학적 표현은 나름의 인생관을 담아내기 마련입니다. 명심보감에 담긴 생명관, 자녀교육관 등은 당대의 맥락과 철학을 반영하는 부분이 있습니다. 이를 학생들이 현대적 관점(맥락)에서 자기 나름의 철학으로 의문을 제기하는 것입니다. 이러한 부분은 학생들 간에 토론의 거리로 삼아도 좋겠다고 판단하게 되었습니다.

코딩	'필사' 내용	'질문하기' 내용	특징
명심보감의 내용에 대한 사실적 이해 시도	어리석은 귀머거리와 말 못하는 벙어리라도 집은 큰 부자일 수 있고 지혜롭고 총명한 사람이라도 집은 도리어 가난할 수 있다. 해와 달과 날과 때가 모두 정해져 있으니 따져보면 삶은 명에 달려있지 사람에게 달려있지 않다.	'삶은 명에 달려있지 사람에게 달려있지 않다'라는 말이 무엇인가? (학생J)	한자어
명심보감의 내용에 대한 추론적 이해 시도	사람들 사이에 속삭이는 말도 하늘의 귀에는 우레처럼 크게 들리고 어두운 방안에서 마음을 속여도 귀신의 눈에는 번개처럼 밝게 보인다.	이 말씀은 그렇다면 나쁜 것을 하지 마라는 것일까?(학생J)	문학적 표현
	사람들 사이에 속삭이는 말도 하늘의 귀에는 우레처럼 크게 들리고 어두운 방안에서 마음을 속여도 귀신의 눈에는 번개처럼 밝게 보인다. (현제의 「수훈」)	속삭이는 말도 결국 다른 사람들에게 퍼진다는 걸까? 마음을 속여도 다른 사람들에게 들통난다는 건가?(학생N)	문학적 표현
	지나간 일들은 밝기가 거울 같고 다가올 일들은 어둡기가 칠흑 같다(공자)	지나간 일이 밝으면 미래도 밝고, 다가올 일이 어두우면 과거도 어두웠을 것인데, 다가올 일을 어둡다고 하나? 스스로 답변: 지나간 일이 어두우면 나쁘다는 뜻이다. 따라서 미래도 벌이 내리니 어둡다. 한편, 지나간 일이 밝으면 선행했다는 뜻이니 다가올 일도 환할 것이다.(학생m)	문학적 표현
	사람은 백년도 살지 못하면서 부질없이 천년 뒤를 계획한다.	요즘 사람들은 대부분 백년 살 수 있는데 왜 이렇게 적었을까?(학생L)	역사적 배경

코딩	'필사' 내용	'질문하기' 내용	특징
명심보감의 내용에 대한 비판적 이해 시도	은혜를 베풀고 나서 보답 받길 바라지 말고, 남에게 주고 나서 왜 주었나 후회하지 말라	은혜를 베풀고 나서 보답을 충분히 받을 수 있는데 왜 받지 마라는 것일까?(학생J)	철학적 표현
	만일 나쁜 일을 해서 세상에 이름이 드러낸다면 사람이 해치지 않더라도 하늘이 반드시 죽일 것이다.	아무리 하늘이더라도 사람을 죽일 수 있을까? 그것이 옳은 것일까?(학생w)	철학적 표현
	다른 사람의 착한 점을 보면 내게도 그런 착한 점이 있나 살펴보라. 다른 사람의 나쁜 점을 보면 내게도 그런 나쁜 점이 있나 살펴보라. 이렇게 해야 보탬이 된다.	살펴보기만 해선 보탬이 될 수 없지 않을까?(학생w)	철학적 표현
	엄한 아버지가 효자를 길러내고 엄한 어머니가 효녀를 길러낸다.	꼭 엄한 아버지와 어머니만 효자를 길러내는 걸까? 다정한 어머니와 아버지는 나쁜 아이로 키울까?(학생M)	역사적 맥락
	아이를 사랑하거든 매를 많이 때려 주고, 아이를 미워하거든 먹을 것을 많이 줘라	아이를 사랑하면 매를 많이 때리라 했는데, 오히려 상처가 크지 않을까?(학생L)	역사적 맥락

그밖에 학생들 중 '자기 성찰'의 모습을 보인 장면이 있었습니다. 그 장면은 다음과 같습니다. 사실, 명심보감의 궁극적인 목표는 건전한 사고력으로 표상되는 인성의 함양에 있다고 할 때, 이러한 장면은 잠재적인 인성교육의 장면으로 평가할 수 있을 것입니다.

(원문 필사) 내가 부모님께 효도하면 내 자식도 나에게 효도할 것이다. 자신이 이미 효도하지 않는데 자식이 어찌 효도하겠는가
→ (학생J의 질문) 나는 부모님께 효도를 잘하고 있는가?

② '연결하기'와 관련한 코딩과 범주화

'연결하기'와 관련된 기술적 코딩(descriptive coding)의 결과, '미디어와 연결하기', '관련 책과 연결하기', '자신의 경험과 연결하기'로 범주화할 수 있었습니다. 이 부분의 분석을 통해서 학생들은 연결하기를 위해서 자신의 배경지식과 경험을 적극적으로 활용하는 것을 확인할 수 있었습니다. 그런 점에서 인문고전을 읽었던 책이나 보았던 영화나 자신의 경험을 연결하는 것은 인문고전이 지루하고 딱딱하며 나와 관계없는 것이 아니라는 생각을 벗어나게 하는 긍정적인 방법이라고 할 수 있습니다. 정리하자면, 인문고전을 어려워하고 지루해하는 개별학생들에게 관련된 적절한 배경지식을 제공할 필요가 있다는 것을 도출할 수 있습니다.

〈표 2-33〉 '연결하기'와 관련한 코딩결과

코딩	필사 내용	연결하기 내용	특징
명심보감을 미디어와 연결하기	아버지 마음에 근심의 그림자 깃들지 않음은 자식이 효성스럽기 때문이다. 남편 얼굴에 번뇌의 그늘이 비치지 않음은 아내가 어질기 때문이다. 주절주절 수다스럽고 말에 실수가 많음은 모두가 술 탓이다. 의리가 끊어지고 친분이 멀어짐은 다만 돈 때문이다.	요즘에 보는 '리얼스토리 눈'에서 나오는 이야기 중에 돈 문제가 참 많이 나온다. 실제로 봤던 이야기인데 몇년 지기 친구의 돈을 사기 쳐서 많이 가져간 이야기였다. 그리고 치매 부모의 돈을 가져가는 자식들 이야기도 있다. 이런 이야기들이 많은 걸 보아 진짜 지금 현재를 사는 사람들은 돈 하나에 의리가 끊어지고 돈 하나에 친분이 멀어지는 것 같다.(학생J)	방송 프로 그램

코딩	필사 내용	연결하기 내용	특징
명심보감을 미디어와 연결하기	나를 착하게 대하는 사람에게 나도 착하게 대하고, 나를 나쁘게 대하는 사람 역시 착하게 대하라. 내가 그 사람을 나쁘게 대하지 않았다면 그 사람도 나에게 나쁘게 대하지 않는다. (장자)	층간소음 때문에 살인사건이 일어났다는 뉴스를 보았는데 서로 착하게 대했으면 이런 일이 일어나지 않았을 것이다. (학생W)	뉴스
	지나간 일들을 밝기가 거울 같고 다가올 일들은 어둡기가 칠흑 같다(공자)	신문기사에서 어떤 사람이 할머니를 도와드린 후에 알고 보니 그 할머니는 돈이 많은 분이었다. 그래서 그 청년은 큰 돈을 받았다. 한편 최순*이라는 사람은 나쁜 일을 하여 엄청 후회하고 있다.(학생M)	신문
	아이를 사랑하거든 매를 많이 때려주고, 아이를 미워하거든 먹을 것을 많이 줘라	뉴스에 보니까 아이를 가르치려고 매를 때렸다가 아이가 자살한 사건이 있었다.(학생L)	뉴스
명심보감을 관련 책과 연결하기	내가 부모님께 효도하면 내 자식도 나에게 효도할 것이다. 자신이 이미 효도하지 않는데 자식이 어찌 효도하겠는가.	전래동화에 보면 아버지에게 효도를 하지 않고 귀찮다고 아버지를 지게에 실어 산속에 버린 아들이 산길을 내려오다가 손자가 다시 지게를 가져오는 것을 보게 된다. 그래서 왜 가지고 오냐고 했는데, 손자가 하는 말이 '아버지도 나중에 지게에 실어 산속에 데려다 드릴려구요' 그래서 아들은 아차 싶어 다시 아버지를 데리고 왔다는 이야기이다.(학생J)	동화
	차라리 밑 빠진 항아리는 막아도, 코 아래 가로 놓인 입은 막기 어렵다.	임금님 귀는 당나귀 귀에서 미용사가 참지 못하고 말해 버린 것이 생각난다(학생N)	동화

코딩	필사 내용	연결하기 내용	특징
명심보감을 관련 책과 연결하기	안으로 훌륭한 부모 형제가 없고 밖으로 엄한 스승과 친구가 없다. 무언가 성취한 사람은 드물다.	간디는 차별받은 흑인이었지만 훌륭한 사람이 된 것처럼 노력과 절실함 그리고 인성이 좋으면 성공할 수 있으리라 믿는다. (학생W)	전기문
명심보감을 자신의 경험과 연결하기	사람들 사이에 속삭이는 말도 하늘의 귀에는 우레처럼 크게 들리고 어두운 방안에서 마음을 속여도 귀신의 눈에는 번개처럼 밝게 보인다. (현제의 수훈)	동생이랑 엄마를 속이고 영화관에서 인형 뽑기를 했는데 엄마가 다 알고 있던 경험이 있다.(학생J)	자기 이야기
	부모님이 살아 계실 때는 멀리 나가 놀지 말고 놀러 가더라도 반드시 가는 곳을 말씀드려야 한다.	저학년 때 엄마에게 말도 안하고 놀러나갔다가 혼이 난 적이 있다.(학생N)	자기 이야기
	배움은 해도 해도 부족한 것처럼 하고, 오직 배운 것을 잃어버릴까 근심하라	학교는 6년째 다니고 있는데 배울 것이 아직도 많다니 정말 배움은 해도 해도 부족한 것 같다. 그리고 6년간 배운 것을 다 기억하지도 못하고 까먹을 것 같다.(학생W)	자기 이야기
	하늘이 내린 명에 따르는 사람은 살고 거스르는 사람은 죽는다(맹자)	심부름할 돈으로 친구들과 놀았다. 그래서 부모님께 혼났다.(학생M)	자기 이야기
	참고 또 참아라, 조심하고 또 조심하라, 참지 않고 조심하지 않으면 사소한 일이 큰 일이 된다.	어제 동생이 먼저 시비 걸어서 내가 참지 못하고 때렸는데, 혼나는 것은 나였다. 정말 사소한 일이 큰 일이 되었다.(학생L)	자기 이야기

③ '실천하기'와 관련한 코딩과 범주화

'실천하기'와 관련된 기술적 코딩(descriptive coding)의 결과,

'반영하기', '삭제하기', '추가하기', '명료화하기', '변환하기'로 범주화할 수 있었습니다. 첫째, '반영'은 명심보감에 있는 내용을 그대로 수용한 것을 말합니다. 둘째, '삭제'는 명심보감의 문장을 단문의 형태로 핵심 요약을 하는 것을 말합니다. 셋째, '추가'는 의미전달을 위해서 문장이나 구를 보태는 것을 말합니다. 넷째, '명료화'는 비유적인 표현을 자신의 이해를 반영해서 직설적인 표현으로 수정하는 것을 의미합니다. 다섯째, '변환'하기는 명심보감의 인물을 변환하거나 순화된 표현으로 바꾸거나(죽이다→벌을 주다), 문맥을 고려해서 현대적 의미로 재창조하는 것을 말합니다. 이러한 언어표현은 학생들이 명심보감을 새롭게 창조한다는 면에서 매우 유의미하다고 할 수 있습니다.

〈표 2-34〉 '실천하기'와 관련한 코딩결과

코딩	필사 내용	실천하기 내용	특징
반영하기	물이 너무 맑으면 사는 고기가 없고 사람이 너무 따지면 주변에 사람이 없다.	물이 너무 맑으면 사는 고기가 없고 사람이 너무 따지면 주변에 사람이 없다.(학생w)	필사를 그대로 작성
삭제하기	모든 일에 따뜻한 인정을 남겨두면 나중에 서로 좋은 얼굴로 다시 만나게 된다.	모든 일에 따뜻하면 나중에 꼭 다시 만난다.(학생J)	핵심 요약
	나를 착하게 대하는 사람에게 나도 착하게 대하고, 나를 나쁘게 대하는 사람 역시 착하게 대하라. 내가 그 사람을 나쁘게 대하지 않았다면 그 사람도 나에게 나쁘게 대하지 않는다. (장자)	나를 착하게 대하는 사람에게 나도 착하게 대하고, 나를 나쁘게 대하는 사람에게 내가 과거에 나쁘게 했는지 생각하여 본다(학생W)	핵심 요약

코딩	필사 내용	실천하기 내용	특징
삭제하기	내가 부모님께 효도하면 내 자식도 나에게 효도할 것이다. 자신이 이미 효도하지 않는데 자식이 어찌 효도하겠는가(태공)	효도하고 살아라 후회하지 말고(학생M)	핵심요약
추가하기	만족할 줄 알면 즐겁고 탐욕에 힘쓰면 근심스럽다.	만족할 줄 알면 즐겁다. 그렇지만 아직도 만족하지 않았다면 당신이 탐욕스럽지 않나 생각해보자. (학생N)	문장추가
	호랑이를 그릴 때 가죽은 그려도 뼈는 그리기 힘들다. 사람을 안다 해도 얼굴은 알아도 마음은 알 수 없다.	호랑이를 그릴 때 가죽은 그려도 몸 안의 뼈는 못 그리듯이, 사람의 얼굴을 안다 해도 사람 안의 마음은 쉽게 알 수 없다. (학생W)	내용추가
명료화하기	사람들 사이에 속삭이는 말도 하늘의 귀에는 우레처럼 크게 들리고 어두운 방안에서 마음을 속여도 귀신의 눈에는 번개처럼 밝게 보인다. (현제의 「수훈」)	사람들 관계에 비밀이란 없으며, 속인다는 것도 결코 있어선 안된다.(학생N)	직설적표현
	지나간 일들은 밝기가 거울 같고 다가올 일들은 어둡기가 칠흑 같다(공자)	어떤 일을 하려거든 후회하지 않는가 다시 생각해 보아라.(학생M)	직설적표현
변환하기	아버지 마음에 근심의 그림자 깃들지 않음은 자식이 효성스럽기 때문이다. 남편 얼굴에 번뇌의 그늘이 비치지 않음은 아내가 어질기 때문이다. 주절주절 수다스럽고 말에 실수가 많음은 모두가 술탓이다. 의리가 끊어지고 친분이 멀어짐은 다만 돈 때문이다.	아무리 힘들어도 끝까지 곁에 남아 있는 친구나 자식 외엔 가장 좋은 것이 없다. (학생J)	인물변환
	옥도 다듬지 않으면 그릇이 안 되듯이 사람이 배우지 않으면 도리를 모른다.	옥이 그릇이 되었다고 해서 배움을 멈추지 마라. 세상엔 배울 것이 아직 많다. (학생N)	재창조

코딩	필사 내용	실천하기 내용	특징
변환 하기	만일 나쁜 일을 해서 세상에 이름이 드러낸다면 사람이 해치지 않더라도 하늘이 반드시 죽일 것이다.	만일 나쁜 말을 해서 세상에 이름을 드러낸다면 사람이 해치지 않더라도 하늘이 반드시 벌을 내릴 것이다. (학생w)	순화
	만약 한쪽 말만 들으면 친하던 사이가 멀어질 것이다.	친한 친구의 말만 들으면 그 주위의 소중한 것을 잃는다.	재창조

라) 좀 더 추상적인 테마로 수렴해가기
⇒ 시각적 모형이나 표 등으로 재현하기

앞의 결과를 추상적인 테마로 변환해가는 과정은 다음의 표와 같습니다. 각 영역별 상위 코드를 나열하고, 해당 내용을 수렴할 수 있는 상위 테마를 명명해 보았습니다. 이에 따라서 '사고력의 함양', '배경지식의 확장', '창의력의 실현'이라는 상위 테마로 도출할 수 있었습니다.

〈표 2-35〉 상위 테마의 도출

질문하기	연결하기	실천하기
명심보감의 내용에 대한 사실적 이해 시도	명심보감을 미디어와 연결하기	반영하기
		삭제하기
명심보감의 내용에 대한 추론적 이해 시도	명심보감을 관련 책과 연결하기	추가하기
		명료화하기
명심보감의 내용에 대한 비판적 이해 시도	명심보감을 자신의 경험과 연결하기	변환하기
↓↓	↓↓	↓↓
사고력의 함양	배경지식의 확장	창의력의 실현

4) 소감문 분석

　소감문은 A학급과 B학급의 모든 학생들과 B학급의 교사분이 작성하였습니다. 소감문의 분석은 명심보감을 읽은 1학기(약 120여 일)의 성과를 간접적으로 확인할 수 있는 부분입니다. 소감문은 '인문고전에 대한 인식 변화와 인문고전 독서 방법에 대한 생각(혹은 건의)'를 중점적으로 살펴보고자 했습니다. 학생과 선생님의 이름은 가명으로 처리하였습니다.

1) 학생

① 인문고전에 대한 인식 변화

　학생들의 대부분은 명심보감을 읽기 전에 막연하게 어려웠던 점이 읽은 후에 해소되었다고 보고하고 있습니다(ⓒ, ⓗ, ⓢ, ⓩ). 어려움의 이유는 대표적으로 '문장과 단어의 수준'이 6학년에 맞지 않는 다는 의견이 있었습니다(ⓐ, ⓑ, ⓡ). 하지만 집중해서 읽으면 충분하게 누구나 읽을 수 있고(ⓞ), 친구나 4-5학년에게도 추천하고 싶다는 의견도 있었습니다(ⓩ, ⓚ, ⓒ, ⓓ). 특히, 인문고전을 보면서 교훈(ⓗ), 사고력(ⓩ, ⓔ), 배경지식(ⓓ), 창의성(ⓜ),. 어휘력(ⓑ)에만 도움을 얻은 것이 아니라 나의 문제점을 돌아보고(ⓡ), 마음이 정리가 되며(ⓐ) 주변과의 관계가 좋아졌다는 학생S(ⓔ)의 말은 큰 울림이 있습니다.

㉠ 명심보감 아직 초등생이 읽기는 너무 지루하고 딱딱하기만 하였다. 중고등학생이 되어야 겨우 읽을 수 있을 것 같다. 그래도 학생에게 좋은 뜻이 있었다.(학생L)

㉡ 우리한테 너무 어렵고 지루했다. 그런데 나한테 도움이 된 것 같아서 기분이 좋다. 살짝 깨달음을 얻은 것 같다.(학생S)

㉢ 봤을 때 어려울 줄 알았는데 막상해 보니까 재미있었던 것 같다.(학생B)

㉣ 다른 사람에게도 이 책을 추천하고 싶다. 문장과 단어가 수준이 안 맞긴 하지만, 미래에는 큰 도움이 될 것 같다. 그리고 삶을 살면서 한 번 더 생각하는 시간을 가지게 되고, 삶을 잘못 사는 사람들에게도 꼭 보여주고 싶다. 내가 고쳐야 하는 부분도 있어서 사는데 나의 문제점을 볼 수 있는 것 같다.(학생M)

㉤ 명심보감을 읽고 좀 더 생각을 깊게 가지게 된 것 같고, 옛날하고 지금하고 배경이 다른데 공감가는 게 많았던 게 신기했다. 말은 어렵지만 공감되는 것이 있었다. 더 많은 인문고전을 읽어보고 싶기도 했다.(학생N)

㉥ 처음에는 어려울지 알았는데, 계속 하니 재미있었다.(학생J)

㉦ 명심보감을 처음에 읽는다고 선생님께서 말하셨을 때는 어려울 거 같았지만 막상 하다 보니 많이 어렵진 않았다. 어려운 점도 있었지만 교훈을 얻을 수 있어서 괜찮았다. 다른 사람에게도 추천하고 싶다.(학생P)

㉧ 명심보감 힘든 점도 있지만, 집중해 본다면 누구든 충분히 이

해할 수 있다.(학생S)

ⓩ 명심보감을 읽으면서 생각을 하는 게 많아져서 좋았고, 내가 모르던 것을 알 수 있어서 좋았다.(학생K)

ⓒ 명심보감을 처음 봤었을 때에는 딱딱해 보이는 책이었다. 그런데 읽어보니까 꽤 부드러운 책이었다. 읽어보니까 글에 배울 점도 많고, 공감도 가는 글귀도 많았다. 명심보감은 딱딱한 책이 아니니 다른 친구들도 읽어보았음 좋겠다.(학생N)

ⓚ 후배들이 이것을 읽었으면 좋겠다. 후배들이 더 수준 높은 삶을 살기 위해서 필요할 것 같기 때문이다.(학생S)

ⓣ 지난 1학기 동안 명심보감을 읽고 그동안 생각이 더 자라난 것 같다. 어려운 말도 있었고, 그걸 이해하려 노력한 점이 나중에 어른이 되어서 도움이 꼭 될 것 같다. 명심보감은 진짜 읽으면 많은 도움이 되는 것 같다(사람이 살아가는 데^^). 사람들은 요즘 시간이 없어서 귀찮아서 안 읽는 사람들이 많은데 자신의 인생에게 도움이 많이 되는 것을 안 읽는 것은 안타까운 일이다.(학생K)

ⓟ 명심보감은 교육적, 희망적, 미래적이다. 그렇지만 지루하다, 그렇지만 아이디어를 주고 창의성이 늘어나는 것 같다. 인생에 도움이 되는 좋은 말이 있다.(학생L)

ⓗ 재미는 없었지만, 나에게 교훈을 준 것 같다.(학생P)

ⓐ 명심보감은 우리의 삶을 걸어 나가기 위한 많은 방법을 줄 수 있고, 마음이 심란한 것을 찾게 도와준다.(학생 L)

ⓑ 명심보감을 하면서 모르는 낱말도 알게 되고 지식에 도움이

되었다.(학생k)

ⓒ 4~5학년에게 추천해주고 싶다.(학생J)

ⓓ 너무 지루했지만, 지식에 도움이 되었다. 5학년에게 추천하고
싶다.(학생K)

ⓔ 나는 명심보감을 읽으면서 최근 여러 가지 생각이 들기 시작
했다. 효도, 사회생활, 친구와의 관계 등 명심보감을 통해 전
보다는 전체적으로 나아졌다. 처음에는 지루하고 재미었었지
만 계속 참고 하다 보니 계속 읽게 된다. 비록 아직 다 이해
한 것은 아니지만, 내가 읽은 책 중에서 제일 도움이 되었고
시간이 아깝지가 않았다.(학생S)

② 인문고전 독서 방법에 대한 생각

학생들은 필사, 질문, 토론 등의 방법을 활용해서 재미있고 기억
에 잘 남았다고 보고하고 있었습니다(㉠, ㉢, ㉢, ㉦, ㉩). 필사-질문
-연결-실천하기를 통해서 더 깊게 인문고전에 대해서 이해하게 되
었다고도 말하고 있습니다(㉣). 그래서 그 방법을 친구들에게 추천
하고 싶다고 보고하고 있습니다(㉡). 그러나 토론의 방식을 다양하
게 하거나(㉠), 읽는 인문고전의 종류(㉦)나 텍스트의 수준(㉡) 을 다
양하게 하거나 인문고전을 읽는 다른 방식(㉤, ◎, ㉧)을 적용하는
것이 필요하다고 건의하고 있습니다.

ⓐ 필사, 질문 등 적는 재미, 찾는 재미가 둘 다 이루어진 것 같다. 인문고전 재미있었다. 장점 : 명심보감을 읽으면 사고력이 확장된다. 명심보감을 읽으면 배경지식이 많아진다.(학생B)

ⓑ 학생수준에는 좀 어려운 말도 있으니 말을 좀 더 쉽게 바꿔도 괜찮을 것 같다는 생각을 했다. 명심보감을 가지고 토론을 더 많이 해도 괜찮을 것 같고, 명심보감을 혹여나 읽는 친구가 있다면 필사하면서 적으면 좋다고 말해주고 싶다.(학생M)

ⓒ 토론과 필사가 재미있었다.(학생J)

ⓓ 예전에 도서관에서 1번인가 읽어본 적이 있었는데 그때는 그냥 조금 읽고 재미도 없는 것 같아서 아무런 생각도 없이 그냥 읽었는데 이번에 읽게 된 명심보감은 필사노트도 하며 읽으니까 좀 더 이해하기가 쉽고 재미도 느꼈던 것 같다. 예를 들어, '한쪽 말만 들으면 친하던 사이가 멀어질 것이다'라는 명심보감 구절을 필사하기, 질문하기, 연결하기, 실천하기를 하며 깊게 파고 드니까 느낀 게 많았던 것 같다.(무명)

ⓔ 필사를 하면서 읽으니까 내가 읽은 것 중에서 뭐가 마음에 들었는지 알 수 있어 좋았다.(학생K)

ⓕ 한 가지 방법으로만 읽어보니까 지루한 점도 있었다. 여러 가지 방법으로 읽어보는 것도 나쁘지 않을 것 같다.(학생N)

ⓖ 명심보감 독서 방법을 통해서 명심보감 내용이 기억에 더 잘 남았다. 하지만 지루하지 않도록 하는 방법이 필요한 것 같다. 하루는 모둠과 토론하며, 하루는 반전체가 같이 읽듯이 하는 변화가 필요할 것 같다. 또 명심보감 이외에 여러 인문

고전을 준비해서 매일 자신이 읽고 싶은 인문고전을 선택해서 읽도록 하는 것도 좋을 것 같다.(학생S)

◎ 명심보감을 아침시간에만 하지 않고 1교시나 2교시쯤에 시간을 만들어서 계속 했으면 좋겠다. 나이와 연령에 맞게 구성되거나 좀 더 재미있는 활동으로 개선되었으면 한다.(학생C)

㊀ 명심보감 독서 방법을 통해서 명심보감의 내용이 머리에 쏙쏙 들어오는 것 같았다.(학생L)

㊀ 친구들과 토론을 하며 읽어서 재미있었다. 그런데 좀 더 놀이 형식으로 명심보감을 읽었으면 좋겠습니다.(학생P)

㉠ 명심보감 필사도 너무 틀에 갇혀 형식을 갖춰하다 보니 지루한 것 같다. 주제에 맞게 토의토론 더 많이 하면서 명심보감을 읽으면 재미도 있고 학생도 더 많이 참여할 것 같다.(학생W)

2) 담임교사

① 인문고전에 대한 인식 변화

B학급의 담임선생님도 명심보감에 대한 생각이 어렵고 딱딱한 책에서 두고두고 보고 싶은 책으로 바뀌었다는 것을 소감으로 적어주셨습니다(㉠). 인문고전에 대한 막연한 '오해'가 '이해'로 바뀌는 순간이라고 할 수 있습니다. 인식의 전환과 관심(㉡)은 인문고전을 사랑하게 되는 첫발걸음이기도 합니다.

ㄱ 명심보감을 읽기 전에는 명심보감은 어렵고 딱딱한 책이라고 생각했는데, 명심보감을 읽고 나서 두고두고 보고 싶은 책으로 명심보감에 대한 인식이 바뀌었습니다. 그리고 인문고전을 읽어야 되겠다는 동기나 필요성을 느꼈습니다.

ㄴ 학생들이 인문고전에 대한 관심을 갖는 것만으로 충분히 만족을 합니다. 인문고전은 마냥 어렵다는 생각을 갖고 있었는데 인문고전이 재미있을 수 있다는 학생들의 인식전환이 이루어져서 참 좋은 것 같습니다.

② 인문고전 독서 방법에 대한 생각

담임선생님은 인문고전에 대한 교사의 준비도를 중요하게 보면서 성찰을 하고 계셨습니다(ㄱ). 필사하기-질문하기-연결하기-실천하기로 이뤄지는 독서방법이 가지고 있는 장점(ㄴ, ㅂ, ㅅ)과 보완점에 대해서도 건의해주셨습니다. 보완점은 다양한 접근 방식의 필요성(ㄱ), 교사의 비계자료 준비(ㄷ), 실천카드 작성 후 토론 시간 마련(ㄹ), 토론 방식의 다양화(ㅁ)로 요약할 수 있습니다. 장점으로는 실천하기가 조성하는 창의력(ㄴ), 수업태도의 변화(ㅂ), 관계의 회복과 회복적 생활지도(ㅅ)로 요약할 수 있습니다. 특히 선생님의 마음에 항상 품고 있는 세 명의 학생들의 변화가 참 의미 있었습니다(ㅅ).

ㄱ 아무래도 틀에 박힌 듯 똑같이 명심보감을 읽다 보니 학생들이 약간은 싫증을 느낀 것 같습니다. 아울러 제 역량이 부족

해서 제가 명심보감을 읽는 것에 대한 준비가 안 되어 있어서 학생들의 의욕이 줄어든 것 같습니다. 제가 조금 더 명심보감을 읽는 것에 대해서 준비가 되었으면 학생들이 흥미나 동기유발이 더욱 더 되었을 거 같다는 반성 및 성찰을 해 보았습니다.

ⓛ 학생들은 질문하기에 매우 적극적이었습니다. 그리고 성찰하기에 나름 흥미를 보였습니다. 특히나 명심보감을 자신이 주인이 되어서 새로 쓸 때 재미있어 했습니다.

ⓒ 연결하기는 매우 어려워했습니다. 교사의 지도가 특히나 필요한 부분이 연결하기 단계인 것 같습니다. 학생들이 명심보감의 내용과 현대의 시사적인 부분을 연결시켜서 생각해야 되는데 학생들의 배경지식이 부족하고 자기 경험이 부족해서 그런지 연결을 잘 하지 못했습니다. 제 생각에는 연결하기 부분의 경우에 교사가 명심보감에 적합한 시사 자료를 준비해서 학생들에게 제공해주면 훨씬 효과가 있을 것 같습니다.

ⓔ 명심보감 내용을 자기 말로 바꾸는 활동을 매우 흥미를 보이고 적극적으로 참여했습니다. 그리고 다른 친구들은 어떻게 바꾸었는지 매우 관심을 보였습니다. 그런데 명심보감 실천카드를 쓰고 난후에 서로 이야기하는 활동이 없어서 많이 아쉬웠습니다. 명심보감 실천카드를 통해서 서로 토론하는 시간을 가졌더라면 명심보감의 효과가 매우 컸을 것 같습니다.

ⓜ 친구들과 짝 혹은 모둠으로 토론하면서 읽으면 명심보감에 대한 흥미를 잃지 않고 계속적으로 참여해서 효과적일 것 같습

니다.

ⓑ 화요일하고 목요일 이틀에 걸쳐서 명심보감을 읽었는데 화요일과 목요일에 명심보감 읽기 활동을 한 후에는 수업태도가 달라지고 진지해졌습니다. 주로 자기주도학습능력과 독서능력이 우수한 학생들이 반 분위기를 이끌었고 다른 학생들은 그 분위기에 편승해서 학습태도가 덩달아 좋아졌습니다.

ⓢ S는 사실 친구들과의 관계를 맺는 데 있어서 갈등이 정말 많았습니다. 하지만 명심보감을 읽으면서부터 친구들을 이해하게 되었고 배려를 배우고 친구들과의 관계가 눈에 띄게 좋아졌습니다. 친구와 좋은 관계를 맺는 것을 정말 힘들어했는데 명심보감 5편 1장에 "다른 사람의 착한 점을 보면 내게도 그런 착한 점이 있나 살펴보라. 다른 사람의 나쁜 점을 보면 내게도 그런 나쁜 점이 있나 살펴보라. 이렇게 해야 보탬이 된다."라는 구절에 감명을 받고 친구들과의 관계에 있어서 포용적으로 변화하게 되었습니다.

다음으로 L학생도 인성적인 측면에 많은 변화가 있었습니다. L은 평소에 욕도 잘하고 우리 반에서 제일 문제 학생으로 규칙도 지키지 않고 공감능력도 떨어졌습니다. 남에게 상처 주는 말을 아무런 거리낌 없이 내뱉었습니다. 그리고 친구들에게도 잘못된 행동을 해도 미안한 마음을 별로 가지지 못했습니다. 하지만 명심보감을 읽은 후에 친구들에게 욕하는 것이 많이 줄어들었습니다. 또한 자기가 욕하는 것을 참고 조심하고자 노력하는 모습을 보여 주었습니다. 그리고 다른 친구들에게 진정으로 미안함 마음을 갖게 되었습니다.

마지막으로 J학생이 있습니다. J는 학교수업시간에 분노조절이 잘 안 되는 학생으로 친구들을 잘 놀리고 약을 잘 올리고, 수업시간에 잡담을 많이 하고 친구들 간에 갈등이 생기면 억지고집을 많이 부렸습니다. 하지만 명심보감을 읽고 나서 저한테 몹시 공손한 태도를 보였고, 친구들 입장을 이해하고 친구들과 타협할 줄 알게 되었습니다.

사. 결론

2016년 2학기 순천 신흥초등학교의 6학년 두 교실의 아침시간은 다른 뜨거움이 있었습니다. 한 반은 명심보감을 반복해서 읽고, 다른 한 반은 '필사하기-질문하기-연결하기-실천하기'의 독서 방법을 사용해서 명심보감에 다가섰습니다.

학생들은 한 번에 이해되지 않지만 포기하지 않고 마음에 남는 구절을 적어보고, 질문을 던지며, 명심보감의 이야기를 자신과 연결시켜 보고, 자신의 삶에서 어떻게 실천할지 고민하며, 자신만의 명심보감을 만들어갔습니다. 인문고전과 완전히 사랑에 빠졌다고 말할 수는 없어도, 고개를 돌리고 찬찬히 보게 되었으며, 유익에 대해서 진지하게 생각을 하게 되었습니다. 우리 아이들이 '인문고전과 썸타기'를 했다고 말할 수 있겠지요.

그리고 6학년의 한 선생님은 '마음에 항상 눈물로 품고 있었던 3명'의 아이들이 조금씩 변해가는 모습을 목도하였습니다. 그 아이들이 삐뚤어진 말, 삐뚤어진 시선, 삐뚤어진 삶의 태도, 삐뚤어진 관계가 조금씩 변하기 시작한 것입니다. 마음에 드는 글귀를 자신의 말로 바꿔서 실천카드에 적어서 책상에 항상 두고, 몇 번이고 다시 읽으면서 질문하고, 자신과 연관 짓고, 그것을 실천하도록 다짐하는 과정이 긍정적인 역할을 한 것입니다. 다음은 그 아이들 중의 두 학생의 말입니다.

명심보감은 우리의 꿈같다. 미래를 밝혀주는 거울 같다. 어려운 사람들에게 꼭 한번 추천하고 싶다.

나는 명심보감을 읽으면서 최근 여러 가지 생각이 들기 시작했다. 효도, 사회생활, 친구와의 관계 등 명심보감을 통해 전보다는 전체적으로 나아졌다.

백 마디 말보다 더 울림이 있는 고마운 말이었습니다. '그 아이들이 살면서 어떤 어려움을 겪어왔을까, 그 아이들이 생각할 시간조차 빼앗은 것들은 과연 무엇이었을까?'라는 질문이 떠올랐습니다. 그리고 명심보감을 찬찬히 읽으면서, 아이들이 얼마나 자신의 어려움과 마음을 찬찬히 들여다보았을까 연결하여 생각해 보았습니다. 그러니, 그 아이들이 조금씩 이전과는 다르게 살아갈 날들이 기대가 되었습니다. 평생, 인문고전을 가까이하면서 힘들 때나 잃을 때나 포기할 때나 기쁠 때나 가질 때나 성취할 때나 바른 길을, 더 나은 길을 걸어가길 기도해 봅니다.

이 연구의 주된 결과는 다음과 같이 요약할 수 있습니다.

가) 설문조사 결과

첫째, 학생들은 인문고전의 읽기 방법을 통해서 인문고전에 대한 막연하게 어렵다고 생각하는 인식이 변하였습니다. 읽기 방법을 적용한 실험집단에서 그 변화폭이 더 컸습니다. 그러나 선생님이나 학부모님의 인식은 여전히 어렵다고 생각하는 것의 비중이 높았습니다. 선생님이나 학부모님이 학생과 함께 호흡하면서 읽는 것이 필요하다는 것을 도출할 수 있었습니다.

둘째, 인문고전의 효과에 대해서 사고력의 증진과 배경지식의 함양에 대한 인식변화는 인문고전 읽기 방법을 적용한 B반이 더 높은 것으로 나타났습니다. 필사-질문-연결-실천의 과정이 깊은 사고와 배경지식의 활용을 촉구했다고 판단할 수 있습니다. 선생님과 학부모님도 이 부분에서는 공통된 의견을 보였습니다.

셋째, 인문고전의 독서방법에서 '학생 수준에 맞는 텍스트의 제공'에 관해서는 학생-학부모-교사의 의견일치가 있었습니다. 그러나 실험학급인 B반 학부모님의 경우에는 인문고전을 원문 번역 투로 사용하는 것에 대해서 상대적으로 긍정적인 답변을 보여주었습니다. 이는 학생들이 충분히 그 원문 번역 투의 문장을 이해하는 것을 관찰한 결과로 판단되었습니다.

넷째, 인문고전의 독서방법 중에서 '필사하기'에 관해서는 실제로 필사를 한 B반 학생들만이 긍정적으로 답변하였습니다. 필사가 지루하고 힘든 활동이라고 막연한 생각을 할 수는 있지만, 실제로 하면 그 유익을 알 수 있다는 중요한 시사점을 도출할 수 있는 부분입니다.

다섯째, 인문고전의 독서방법 중에서 '사색하기'에 관해서는 실제로 적용한 B반 학생들이 긍정적인 답변이 증가하였습니다. A반 학생들이 명심보감을 읽기만 상황에서 '사색하기'의 필요성에 대한 답변이 큰 폭으로 줄어든 것을 볼 때, 인문고전을 일반적인 접근방식으로 대하면 '사색하기'가 잘 일어나지 않는다는 것을 도출할 수 있는 장면입니다.

여섯째, 인문고전의 독서방법 중에서 '토론하기'도 학생-학부모-교사의 의견일치가 있었습니다. 인문고전을 읽는 과정에서는 '토론'이 필요하다는 것입니다. 인문고전 읽기에 토론을 좀 더 다양한 방식으로 활용하자는 중요한 건의를 참조할 필요가 있습니다.

나) 명심보감의 메모 분석 결과

첫째, 학생들은 명심보감을 5번의 회기 안에 99%를 이해할 수 있었습니다. 이는 인문고전 전체가 '어려운 글'이라는 도식을 가지고, 한번만 읽고 포기하는 우리의 독서습관을 성찰하게 하는 장면입니다.

둘째, 학생들이 인문고전을 한 번에 이해하는 것은 18%입니다. 따라서 인문고전은 급한 마음으로 그 뜻을 이해하려고 하기보다는 몇 번을 곱씹으면서 오래두고 보아야 한다는 것을 다시 생각하게 되는 부분입니다.

셋째, 인문고전 독서방법을 적용한 B반 학생들이 '필사-질문-토론-연결-실천하기'의 과정을 통해서 2번째 다시 읽을 때 이해한 학생의 수가 A반에 비해서 크게 증가하였습니다. 이는 적용한 독서방법의 효과를 방증하는 자료가 됩니다.

넷째, 몇 번 읽어도 쉽게 수용하거나 이해하지 못한 명심보감의 구절을 분석하고 원인을 도출할 수 있었습니다. '역사적 배경지식-어휘(한자어)-문학적 표현이해-철학적 표현이해-과학적 배경지식'의 영향으로 그 원인을 범주화할 수 있었습니다. 즉, 명심보감을 제대로 이해해서 그 진짜 의미를 맛보기 위해서는 이러한 배경지식을 가지고 충분한 사고의 시간이 필요하다는 것입니다.

다) 성찰노트 내용 분석

첫째, 인문고전 읽기 방법은 사고력을 함양할 수 있습니다. '질문하기'를 통해서 성찰노트에 명심보감의 내용에 대한 '사실적 이해-추론적 이해-비판적 이해'의 시도가 나타났기 때문입니다.

둘째, 인문고전 읽기 방법은 배경지식을 확장할 수 있습니다. '연결하기'를 통해서 명심보감을 자신의 미디어 체험과 책을 읽은 경험과 자신의 삶의 경험과 연결하여 확장적으로 이해하면서, 배경지식의 확장을 보여주었기 때문입니다.

셋째, 인문고전 읽기 방법은 창의력을 실현할 수 있습니다. '실천하기'를 통해서 명심보감의 구절을 '반영-삭제-추가-명료화-변화'하면서 자신만의 명심보감으로 재창조를 하는 모습을 보였기 때문입니다.

라) 소감문의 분석

첫째, 인문고전 읽기 방법의 장점을 확인할 수 있었습니다. 참여한 학생들은 '사고력, 배경지식, 창의력, 어휘력, 자기 성찰과 치유, 관계 회복 등'에 긍정적인 영향을 생각하고 있었습니다. 특히, 필사-질문-토론-실천의 방법이 인문고전을 더 재미있고 잘 기억하게 하고, 더 깊게 이해하게 도왔다고 보고하고 있습니다. 담임교사는 창의력 함양, 수업태도의 변화, 관계회복의 긍정적 영향을 보고하였습니다.

둘째, 인문고전 읽기 방법의 보완점을 도출할 수 있었습니다. 학생들은 '텍스트의 수준을 조정할 것, 토론의 방식과 인문고전의 종류를 다양화할 것, 인문고전 읽기 방식을 더 구현할 것'을 건의하였습니다. 담임교사는 '실천카드 작성 후에 토론시간의 마련, 지도교사의 준비를 돕는 방법의 마련(전문성 함양 연수, 읽기 자료 데이터베이스 구축)'을 보고하였습니다.

이러한 건의 사항은 차후에 인문고전 읽기 방법을 보완하고 교사 지원 프로그램을 마련하는 것으로 구체화되어야 할 것입니다.

13장. '프로젝트 X-인문고전과 썸타기'의 종합

'프로젝트 X - 인문고전과 썸타기'는 2부로 구성되어 있습니다. 각 부는 아래의 그림과 같이 연결되어 있습니다. '1부의 1~6장'은 2부에서 진행하는 연구의 필요성, 문제제기, 선행연구 분석에 해당합니다. 1부의 '7~12장'은 2부 연구의 용어의 정의, 이론적 배경, 연구의 목적, 연구 내용 등에 해당합니다. 즉, '1부'는 2부에서 서술한 연구를 이해하는데 돕기 위해서 작성된 것입니다. [그림 2-10]의 화살표는 직접적인 연관관계를 나타냅니다. 예를 들어, 필자들은 1차 자체 워크숍을 통해서 1부 4장의 내용(인문고전 추천목록에 대한 성찰)을 함께 토론했다는 것입니다.

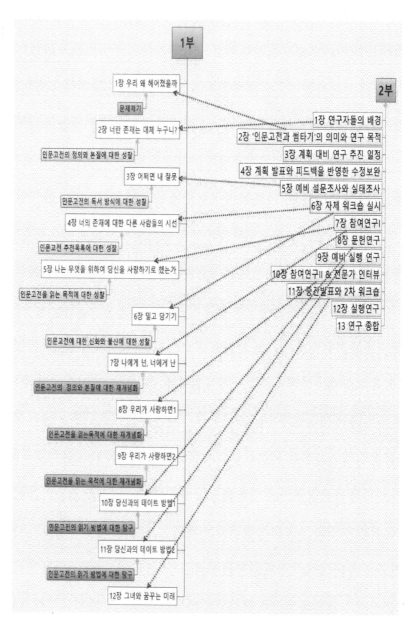

[그림 2-10] '프로젝트 x-인문고전과 썸타기'의 큰 그림

2년간의 준비기간을 통해서 작은 밭을 준비했다면, 프로젝트 X를 계기로 씨를 뿌릴 수 있었습니다. 교원대 시절 신헌재, 이경화 교수님의 학문적 지도와 사랑, 1년간 멘토 이혁규 교수님의 따뜻한 격려, 늘 학생과 사람을 중심으로 두고 독서연구를 하시는 이순영 교수님의 지지, 늘 미안한 마음이 앞서는 가족들의 이해와 도움 덕분으로 부족한 자들이 힘을 얻어 연구에 마침표를 찍을 수 있었습니다. 진심으로 감사드립니다.

'1번의 계획발표와 2번의 중간발표'는 동료 교사 연구자와 함께 꿈꿀 수 있는 의미 있는 시간이었습니다. 귀한 자리를 마련해주신 프로젝트 X팀에도 진심으로 감사드립니다. '예비 설문조사와 실태조사'를 도와주신 기관과 학교들 덕분에 문제의식이 좀 더 구체화될 수 있었습니다. 1학기 '첫 번째의 워크숍'을 통해서 그 문제의식을 구체화하고, 기존의 연구의 한계와 대안들을 고민할 수 있었습니다. '참여연구 I'에서는 인문고전을 꾸준히 읽고 필사하며 연구자로서의 역량을 키울 수 있었고, 인문고전의 본질에 대해서 정리할 수 있었습니다.

'문헌연구'를 통해서는 어떤 방법으로 학생들과 인문고전을 읽을 수 있을지에 대한 아이디어와 연구방법에 대한 아이디어를 얻을 수 있었습니다. '예비 실행 연구'를 통해서, 재개념화한 인문고전의 정의를 바탕으로 구안한 방법을 적용하고 보완할 수 있었습니다. '참여연구 II'와 '전문가 인터뷰'를 통해서 동료선생님의 입장에서, 전문가의 입장에서 인문고전의 읽기 방법에 대한 부족한 점을 귀담아 들을 수 있었습니다. '2차 워크숍'을 통해서 인문고전의 읽기 방법을 완성하고, 학급 실정에 맞게 수정하는 시간을 가질 수 있었습니다. 인문고전 연구방법을 본격적으로 적용한 '실행연구'에 참여해주신 두 분의 선생님 덕분에, 많은 현장 데이터를 확보할 수 있었습니다.

이 과정은 연구에 참여한 2학급의 학생들이 인문고전과 사랑에 빠지는 시간이기도 했지만, 저희 두 명의 연구자들이 인문고전을 이전보다 더욱 사랑하게 되는 시간이기도 했습니다. 그런 의미에서 '인문고전과 썸타기'는 이제 시작입니다. 그러한 이유로 더욱 불안하고 두렵기도 합니다. 인문고전을 자본의 가치로만 왜곡하기 쉬운 세상에서, 저희가 바르게 인문고전을 사랑해갈 수 있을지…….

차후, '인문고전 10년 연구'의 성패는 이제까지 인도해주신 하나님의 손안에 있음을 고백합니다. 다만, 저희에게 사랑의 언어로 남겨주신 성경말씀 하나를 다시 깊게 생각해 봅니다.

"내가 주님을 사랑하는 줄 주님께서 아시나이다.
이르시되 내 어린 양을 먹이라."
〈요한복음 21:15〉

어린 양에게 좋은 풀을 먹이고자 하는 마음으로 인문고전 연구를 시작했습니다. 저희에게 보내주신 제자들이 바르게 자랄 수 있도록 저희들을 사용해주시고, 함께 할 사람을 보내주시길 기도합니다.

참 고 문 헌

강신주 외(2013), (대한민국 대표 인문학자들이 들려주는) 인문학 명강 :
　　동양 고전, 21세기 북스.

강유원(2010), 인문 , 라티오강의 : 오래된 지식 새로운 지혜.

고은 외(1994), 책 어떻게 읽을 것인가, 민음사.

교육부(2016), 2015 개정교육과정 총론 해설서.

김삼웅(2012), 독서독본, 현암사.

김열규(2008), 독서, 영신사.

김월회(2007), 살아 움직이는 동양 고전들, 안티쿠스.

김진수(2016) 프랑스의 언어정책, 부산외국어대학교지중해지역원.

김병완(2013), 기적의 인문학 독서법, 북씽크.

김병완(2014), 기적의 고전 독서법, 북씽크.

김형진(2014), 엄마, 인문고전 읽어주세요 : 부모와 함께하는 독서교육을
　　위한 19가지 가이드, 토라.

나루케 마코토(2009) 책, 열권을 동시에 읽어라, 뜨인돌.

다이애나 홍(2008), 책읽기의 즐거움, 김영사.

다이애나 홍(2010) 책속의 향기가 운명을 바꾼다. 모아북스.

다이애나 홍(2009), 독서향기, 모아북스.

마르틴 부버 저 김천배 역(2000), 나와 너, 대한기독교서회.

마쓰오카 세이고(2010), 창조적 책읽기, 다독술이 답이다. 추수밭.

모티머 J. 애들러(2000), 생각을 넓혀주는 독서법, 멘토.

민도식(2010), 실천독서법, 북포스.

박성후(2010), 포커스 씽킹, 경향미디어.

박홍순(2014), 어크로스 고전읽기 : 문학+인문사회를 가로지르는 고전 겹
　　　쳐읽기 프로젝트, 서해문집.

사이토 다카시(2009), 독서력, 웅진 지식하우스.

사이토 에이지(2008), 최강 속독법, 폴라북스.

서강대학교. 교양인성교육위원회(2008), 아무도 읽지 않는 책. 2 : 대학생
　　　이 꼭 읽어야 할 세계 고전 130선, 서강대학교 출판부.

서상훈(2008), 나를 천재로 만드는 독서법, 지상사.

선정규(2013), 　매일 읽는 인문학 : 동양의 고전으로 오늘, 우리를 읽는다,
　　　천지인.

신정근(2012), 동양고전이 뭐길래?, 동아시아.

소노 요시히로(2010), 1년에 500권 마법의 책읽기, 물병자리.

송재환(2011), 초등고전 읽기혁명, 글담출판.

수전 와이즈 바우어(2010), 독서의 즐거움, 민음사.

신영복(2004), 나의 동양고전 독법 '강의', 돌베개.

안한상(2009), 독서가 국가 경쟁력이다, 북코리아.

이권우 외(2009), 호모 부커스 2.0, 그린비.

이대범 (2011), 인문학 리더십 코칭, 강원대학교 출판부.

이지성 (2010), 리딩으로 리드하라 : 세상을 지배하는 0.1퍼센트의 인문고
　　　전 독서법, 문학동네.

이지성(2012), 고전혁명 : 리딩멘토 이지성과 인문학자 황광우의 생각경영
　　　프로젝트, 생각정원.

임종업(2009), 한국의 책쟁이들, 청림출판.

장영기(2007), 동양 고전의 세계, 서현사.

정대현(2000), 표현 인문학, 생각의 나무.

정민(2006), 다산선생 지식 경영법, 김영사.

정민(2013), 오직 독서뿐, 김영사.

정민(2013), 정민 선생님이 들려주는 고전 독서법, 보림출판사.

정문택 최복현(2009), 도서관에서 찾은 책벌레들, 휴먼드림.

조윤제(2012), 인문으로 통찰하고 감성으로 통합하라, 작은씨앗.

천쓰이(2013), 동양 고전과 역사, 비판적 독법, 글항아리.

채석용(2011), 나를 성장시키는 독서법, 소울메이트.

최인호(2009), 책, 함부로 읽지 마라!, 밀리언스마일북스.

최진기(2013), 동양고전의 바다에 빠져라, 스마트 북스.

크리스티안 그뤼닝(2010), 책먹는 독서, 웅진씽크빅.

홍자성 저 김성중 역(2005), 채근담, 홍익출판사.

황광우(2012), 철학하라 : 황광우와 함께 읽는 동서양 인문고전 40, 생각
　　　정원.

小川仁志(2013), 철학의 교양을 읽는다_인문고전 읽기의 첫걸음, 북로드.

권양현(2014), 영상매체를 활용한 고전 독서법 방안 연구, 우리문학회.

김은엽(2013), 중학생 고전문학 읽기 북클럽 운영의 의의와 과제, 한국독서
　　　교육학회.

김종철(2010), 「고등학교 국어 '심화 선택' 체제 개편 방향」, 『국어교육』
　　　131집, 한국어교육학회. 109~111쪽.

김현정 외(2013), 「고전 과목의 정체성 탐색과 효과적 운영 모형 개발(연구
　　　보고)」, 한국교육과정평가원.

손승남(2013), '위대한 저서(The Great Books)' 프로그램을 토대로 본 우
　　　리나라 대학 인문고전교육의 방향 탐색, 한국교양교육학회.

송지애(2014), 인문고전 읽어주기 활동이 독서습관 형성에 미치는 영향에
　　　관한 연구 : 초등학생 6학년을 대상으로, 대진대학교 석사학위.

이관규(2011), 「2011 국어과 교육과정의 실제와 과제」, 『국어교과교육연
　　　구』 19호, 국어교과교육학회, 23쪽.

이동철(1998), 교양교육의 활성화와 〈고전읽기〉 프로그램, 용인대학교 학생

생활연구소.

이병찬(2016), 「고등학교 "고전" 교과의 현황과 문제점」, 『한민족문화연구』 53, 한민족문화학회, 185쪽.

이아영(2013), 인문고전 독서교육이 초등학생의 독서력 향상에 미치는 영향에 관한 연구, 경기대학교 석사학위.

이아영(2013), 인문고전 독서교육이 초등학생의 독서력 향상에 미치는 영향에 관한 연구, 한국독서교육학회.

이아영(2014), 인문고전 독서교육에 대한 초등학생의 반응에 관한 연구, 한국독서교육학회.

이우정(2013), 대학의 고전읽기 교육에 관한 모색, 國際言語文學會.

이재형(2013), 「2009 개정 교육과정에 따른 '고전' 과목에 대한 비판적 검토」, 『작문연구』 17, 한국작문학회, 337-358쪽.

이창희(2012), 「고전 교과의 도입 및 운영과 그 과제」, 『한국어문교육』 12, 고려대학교 한국어문교육연구소, 4쪽.

이하준(2014), 인성함양을 위한 고전교육의 방향 탐색, 한국교양교육학회.

이황직(2011), 고전읽기를 통한 교양교육의 혁신, 한국독서학회.

정인모(2007), 교양교육과 고전 읽기, 한국교양교육학회.

정인모(2012), 고전읽기를 활용한 글쓰기 교육, 한국교양교육학회.

정인모(2013), 고전읽기를 활용한 수업모형, 한국교양교육학회.

정재찬(2012), 「2009 개정 교육과정에 따른 국어과 교육과정'의 적용을 위한 고등학교 선택 과목 교과서 개발 방향」, 『국어교육』 137집, 한국어교육학회, 85쪽.

조은정(2013), 고전 읽기 교육의 활성화를 위한 사회적 교육 프로그램 구안, 신라대학교 석사학위.

최윤정(2015), 교육 : 『논어』, 『맹자』를 활용한 대학 인문고전 교양교육 사례 연구, 영산대학교 동양문화연구원.

함정현(2014), 대학 교양교육에서 고전 활용에 대한 연구, 韓瑞大學校 附設 東洋古典研究所.

허남영(2014), 〈고전읽기와 토론〉강좌에서의 읽기모형 개선 방안, 한국교양 교육학회.

허남영(2014), 고전 읽기 교육의 실제, 한국교양교육학회.

참고사이트

www.classicbook100level.net

부록 1

"인문고전 읽기 교육"에 대한 학생 인식조사

안녕하세요!

이 설문은 인문 고전 읽기에 대한 학생 여러분의 인식(실태와 요구)을 조사하기 위하여 작성되었습니다. 초-중-고 인문고전 읽기 교육을 위한 기초자료로만 사용되며, 기타 상업적인 목적 등으로 개인정보가 사용되지 않는 등의 연구윤리를 지킬 것을 약속드립니다. 진솔하고 성실한 답변을 부탁드립니다.

청람인문고전 연구소 선종수•진용성 올림

〈필수사항〉

학교명:	이름:	성별:	학년:

문1. 사시는 지역은 어디입니까? (   )
　　예: "경기도 성남시/경기도 양평군"까지만 기재

문2. 한 달에 대략적으로 책을 몇 권 읽나요?(권)

문3. 다음 중 해당하는 부분에 "V"체크를 해주세요.

	설문항목	매우 그렇다	그렇다	보통 이다	그렇지 않다	전혀 그렇지 않다
(1)	인문고전을 읽으면 사고력이 확장 된다.					
(2)	인문고전을 읽으면 배경지식이 많아진다.					
(3)	인문고전은 읽기 쉽다.					
(4)	인문고전은 살아가는 데 지혜를 준다.					

(5)	인문고전은 재미있다.					
(6)	인문고전은 가능하면 원문 그대로로 읽어야한다.					
(7)	인문고전은 학생 수준에 맞게 바뀐 것을 읽어야 한다.					
(8)	인문고전은 필사하면서 읽는 것이 좋다.					
(9)	인문고전은 천천히 생각하면서 읽는 것이 좋다.					
(10)	인문고전은 필요한 부분만 발췌해서 읽는 것이 좋다.					
(11)	인문고전은 함께 토론하며 읽는 게 좋다.					
(12)	인문고전은 딱딱하고 어렵다.					
(13)	인문고전은 초등학교 1학년도 읽을 수 있다.					
(14)	인문고전을 읽을 시간이 없다.					
(15)	인문고전을 읽으면 어휘력이 커진다.					

문4. 인문고전이라고 생각되는 책들의 제목을 자유롭게 두 가지만 적어주세요.

동양	서양

문5. 그 동안 읽었던 인문고전을 표시해주세요!

아낌없이 주는 나무 (쉘실버스타인)		박지원 단편집(박지원)	
책먹는 여우(프란체스카)		홍길동 전(허균)	
이솝이야기(이솝)		천로역정(존 번연)	
꿈을 찍는 사진관(강소천)		위대한 영혼, 간디(이옥순)	
하느님이 우리 옆집에 살고 있네요(권정생)		100년 후에도 읽고 싶은 한국 명작 단편(김동인 외)	
호두까기 인형(호프만)		삼국유사(일연)	
꽃들에게 희망을 (트리나 폴러스)		솔솔 재미가 나는 우리 옛시조	
사자소학		톨스토이 단편선(톨스토이)	
엄마 마중(방정환 외)		(쉽게 읽는) 백범일지 (김구)	
파브르 식물 이야기 (장 앙리 파브르)		논어(공자)	
심청전		셰익스피어 4대 비극 (셰익스피어)	
마틸다(로알드 달)		플라톤의 대화편(플라톤)	
키다리 아저씨(진 웹스터)		동명왕의 노래(이규보)	
명심보감(추적)		관자(관중)	
장발장(빅토르 위고)		일리아스(호메로스)	
별(알퐁스 도체)		뤼시스(플라톤)	
옹고집전(박철)		삼국사기(김부식)	
안중근(조정래)		새벽에 홀로 깨어(최치원)	
갈매기의 꿈(리처드 바크)		서경_書經	
소나기(황순원 단편집)		소크라테스의 변명	
소학(주희)			

부록 2

인문고전 읽기교육 실태조사 관련 설문지
-교사용 -

※ 본 설문 내용은 통계법 제8조에 의거 사적 비밀이 보장되며 연구 통계 자료로만 이용됩니다.

안녕하십니까?

본 조사는 인문고전 읽기교육의 전반에 대한 여러분의 의견을 알아보기 위한 것입니다. 귀하의 응답은 인문고전 읽기교육의 현 실태를 진단 및 개선하고 보다 나은 교육 정책을 수립하는데 소중하게 활용될 것입니다. 여러분의 성의 있는 응답을 부탁드립니다.

아울러 응답해 주신 내용들은 연구목적 이외에는 일체 사용되지 않을 것임을 약속드리며, 응답하신 의견은 통계법 제 33조에 의해 비밀이 보장됩니다.

감사합니다.

2016년 12월

근 무 지	( ) 초등학교
성 별	① 남 자 ② 여 자
교 육 경 력	① 5년 이하 ② 5~10년 ③ 10년~15년 ④ 15~20년 ⑤ 20년 이상

☞ 다음 문항에 대하여 체크(√)하시거나 ○표하여 주시기 바랍니다.

문1. 인문고전에 대한 인식조사입니다. 해당되는 부분에 체크를 해 주시길
바랍니다.

내용		① 매우 그렇다	② 그렇다	③ 보통 이다	④ 그렇지 않다	⑤ 전혀 그렇지 않다
1-1	인문고전은 딱딱하고 지루해서 읽기 어렵다.					
1-2	인문고전을 살아가는데 지혜를 준다.					
1-3	인문고전의 중요성은 공감하지만 읽을 시간이 없다.					
1-4	인문고전을 따로 찾아서 읽을 필요성은 없다.					
1-5	인문고전은 현실과 동떨어진 책이므로 읽을 필요가 없다.					
1-6	인문고전은 인류가 축적해 온 지혜의 보고이므로 꼭 읽어야 한다.					
1-7	인문고전은 평소에 한번 들어본 적이 있지만 찾아 읽을 필요성은 없다.					
1-8	인문고전은 우리 삶에 꼭 필요하다.					
1-9	인문고전은 재미있고 읽기 쉽다.					
1-10	인문고전은 천재들만 읽을 수 있는 작품이다.					
1-11	인문고전을 읽으면 둔재가 천재가 될 수 있다.					

문2. 다음은 인문고전의 효과에 대한 설문입니다. 해당되는 부분에 체크를 해 주시길 바랍니다.

내 용	① 매우 그렇다	② 그렇다	③ 보통 이다	④ 그렇지 않다	⑤ 전혀 그렇지 않다
2-1 인문고전을 읽으면 사고력이 확장된다.					
2-2 인문고전을 읽는다고 해서 별로 달라질 것은 없다.					
2-3 인문고전을 읽으면 성적이 향상 된다.					
2-4 인문고전을 읽으면 배경지식이 많아진다.					
2-5 인문고전을 읽으면 독서토론에 적극적으로 참여할 수 있는 기반을 쌓을 수 있다.					
2-6 인문고전을 읽으면 바른 인성을 기를 수 있다.					
2-7 인문고전을 읽으면 창의융합적 사고력이 증진된다.					
2-8 인문고전을 읽으면 국어교과 뿐만 아니라 다른 교과에도 영향을 미친다.					
2-9 인문고전을 읽으면 두뇌가 계발된다.					
2-10 인문고전을 읽으면 인문소양이 길러진다.					

문3. 다음은 인문고전교육의 필요성에 대한 설문입니다. 해당되는 부분에 체크를 해 주시길 바랍니다.

내 용	① 매우 그렇다	② 그렇다	③ 보통 이다	④ 그렇지 않다	⑤ 전혀 그렇지 않다
3-1 인문고전 읽기교육은 필요하다.					
3-2 인문고전 읽기교육은 창체시간과 일반 교과시간에 같이 지도해야 한다.					
3-3 인문고전 읽기교육은 창체시간에 교육을 해야 한다.					
3-4 인문고전 읽기교육은 다른 여러 교과와 연계해서 수업 모형이나 모델을 개발해서 교육해야 한다.					
3-5 인문고전은 아침독서활동시간에 해도 충분하다.					
3-6 인문고전 읽기교육은 국어시간에 연계해서 수업을 해야 한다.					
3-7 인문고전 읽기교육은 도덕시간에 연계해서 수업을 해야 한다.					
3-8 인문고전 읽기교육은 고등학교 고전과목처럼 초등학교에서도 따로 독립교과로 편성이 필요하다					
3-9 인문고전 읽기교육은 인문고전 전문가가 실시해야 한다.					
3-10 인문고전 읽기교육은 교사가 인문소양을 갖추면 실시할 수 있다.					
3-11 인문고전 읽기교육을 위한 교사교육 프로그램이 필요하다.					

		① 매우 그렇다	② 그렇다	③ 보통 이다	④ 그렇지 않다	⑤ 전혀 그렇지 않다
3-12	인문고전 읽기교육은 인성 함양과 연계해서 교육해야 한다.					
3-13	2015 개정교육과정에 한 학기 한권 독서 프로그램에 인문고전을 읽힐 의향이 있다.					
3-14	인문고전 읽기교육은 인문소양을 증진시키기 위해서 꼭 필요하다.					

문4. 다음은 인문고전 읽기교육 방법에 대한 조사입니다. 해당되는 부분에 체크를 해 주시길 바랍니다.

내용		① 매우 그렇다	② 그렇다	③ 보통 이다	④ 그렇지 않다	⑤ 전혀 그렇지 않다
4-1	인문고전은 가능한 원문 그대로 읽어야 한다.					
4-2	인문고전은 일부분만 읽어도 된다.					
4-3	인문고전은 요약된 편집본만 읽어도 된다.					
4-4	인문고전은 학생 수준에 맞추어서 편집되어 있는 책을 읽혀야 한다.					
4-5	인문고전은 필사하면서 읽는 것이 좋다.					
4-6	인문고전은 토론하면서 읽는 것이 좋다.					
4-7	인문고전을 위한 특별한 읽기 교육 방법론은 필요가 없다.					
4-8	인문고전은 여러 번 반복해서 읽는 것이 좋다.					
4-9	인문고전은 인문고전 전문가의 직간접적인 지도가 필요하다.					

4-10	인문고전은 일반적인 독서법으로 충분히 지도할 수 있다.					
4-11	인문고전에 맞은 새로운 읽기 교육 방법의 계발 및 도입이 필요하다.					
4-12	인문고전은 학생 혼자 읽기가 어려우므로 교사를 위한 가이드북이 필요하다.					
4-13	인문고전은 매일 읽히는 것이 좋다.					
4-14	인문고전은 하루에 30분씩 일주일에 2번 읽히는 것이 좋다.					
4-15	인문고전은 일주일에 한 번 한시간정도 읽히면 된다.					

문5. 인문고전을 읽기 시작한 적절한 때는 언제라고 생각합니까? (   )
　　① 유치원 ② 초등학교 ③ 중학교 　④ 고등학교 　⑤ 대학교 　　⑥ 직장

문6. 인문고전교육을 위해 가장 시급히 선행되어야 한다고 생각되는 것은
　　무엇입니까? (,   　　,   　)
　　〈3개까지 복수 정답 가능 우선순위가 높은 것부터 3개를 차근차근 적어주세요〉
　　① 학년별 연령별 추천도서 　② 교사를 위한 가이드북
　　③ 교사 연수 프로그램 　　④ 다양한 학습기자재 및 자료
　　⑤ 연간 커리큘럼 　⑥ 인문고전전문가들의 특강
　　⑦ 학년수준에 맞게 번안된 인문고전책 　⑧ 인문고전 전문 강사
　　⑨ 인문고전 읽기교육 교수학습 방법 및 수업 모형

문7. 인문고전교육은 어디에서 실시해야 한다고 생각합니까? (   )
　　① 가정 　② 학교(공교육) 　③ 학원 (사교육기관)
　　④ 직장 　⑤ 전문교육기관

문8. 인문고전 읽기 교육을 위한 좋은 제언점이나 필요한 프로그램이 있
　　다면 기재하여 주시기 바랍니다.

※ 바쁘신 중에 끝까지 성의 있게 응답해 주셔서 진심으로 감사드립니다.